# ISAÍAS

# ISAÍAS

COMENTARIO BÍBLICO PORTAVOZ

Alfred Martin

EDITORIAL
PORTAVOZ

La misión de *Editorial Portavoz* consiste en proporcionar productos de calidad —con integridad y excelencia—, desde una perspectiva bíblica y confiable, que animen a las personas a conocer y servir a Jesucristo.

Título del original: *Everyday Bible Commentary: Isaiah,* © 1956 por The Moody Bible Institute of Chicago y publicado por primera vez en los Estados Unidos por Moody Publishers, 820 N. LaSalle Blvd., Chicago, IL 60610. Traducido con permiso. 

Edición en castellano: *Isaías* (serie Comentario Bíblico Portavoz) © 1990, 2019 por Editorial Portavoz, filial de Kregel Inc., Grand Rapids, Michigan 49505.


Traducción: José Flores Espinosa



Las cursivas añadidas en el texto bíblico son énfasis del autor.

EDITORIAL PORTAVOZ
2450 Oak Industrial Drive NE
Grand Rapids, Michigan 49505 USA
Visítenos en: www.portavoz.com

ISBN 978-0-8254-5905-4 (rústica)
ISBN 978-0-8254-6811-7 (Kindle)
ISBN 978-0-8254-7633-4 (epub)

1 2 3 4 5 edición / año 28 27 26 25 24 23 22 21 20 19

*Impreso en los Estados Unidos de América*
*Printed in the United States of America*

# CONTENIDO

# NOTA DEL EDITOR

Por más de sesenta años, la serie «Comentario Bíblico Portavoz» ha sido de utilidad a millones de lectores, facilitando su crecimiento en la comprensión tanto de Dios como de su Palabra. Estos comentarios —escritos por eruditos evangélicos, expertos en sus respectivos campos— proporcionan una interpretación bíblica que es accesible y rica, e influye en la vida cotidiana de los cristianos de diversos orígenes culturales y teológicos.

Estos comentarios han sido de gran utilidad para los lectores en generaciones pasadas, y queremos asegurarnos de que sirvan a muchos más para las generaciones futuras. Si bien estos comentarios no son nuevos, siguen siendo relevantes ya que el contenido de cada tomo proporciona una exposición de las Escrituras que sirve para todos los tiempos. Y tal vez hoy más que nunca, los cristianos necesitan instrucción bíblica confiable que haya resistido la prueba del tiempo. Con tantas voces compitiendo por nuestra atención y lealtad, como cristianos, necesitamos entender la voz del Único que nos llama en las Escrituras para que podamos vivir fielmente para Él y su gloria. Y es con este fin que se escribieron estos comentarios: para que los creyentes puedan encontrar a Dios a través de su Palabra y encarnarla en sus vidas cotidianas.

# PREFACIO

Deseando conocer mejor la Biblia, quizás has vacilado en estudiar un libro como el de Isaías porque te resulte extenso o por lo nuevo y extraño de mucho de su contenido. El repaso elemental que presentamos de Isaías tiene por objeto ayudarte de alguna manera para familiarizarte con el contenido de ese libro glorioso.

Si lo que buscas es un comentario técnico, versículo por versículo, del texto hebreo de Isaías, este no es el libro que te conviene. Si quieres un análisis detallado del libro, debes buscarlo en otro lugar. El presente libro no pretende ser un trabajo original de erudición, si bien hemos buscado la exactitud y estamos muy agradecidos por la contribución de muchos maestros y escritores entendidos.

No hemos hecho intentos de documentación porque ello iría contra el fin que nos hemos propuesto. Este es un estudio en que las investigaciones de muchos intérpretes se han traducido a un lenguaje que signifique algo para el estudiante corriente de la Biblia que no ha hecho estudios teológicos. Tú podrás juzgar si hemos conseguido este objetivo.

Muchísimos estudiantes de la Biblia se ven inmersos en detalles antes de conocer lo necesario de sus enseñanzas generales, y esto lleva al descorazonamiento y fracaso en el estudio bíblico. Es básico para la interpretación de la Biblia tener un conocimiento del contenido real de la misma, y, sin embargo, algunos se preocupan por el significado exacto de una palabra o frase (lo que, en realidad, tiene importancia) cuando no tienen la menor idea de su relación con el libro en su consenso total. Es lastimosa esta actitud de «no ver el bosque por causa de los árboles» ya que debemos echar una mirada al bosque primeramente y luego, a su debido tiempo, se destacarán los árboles en toda su belleza. Esto es, por supuesto, lo que el Dr. James M. Gray dijo hace tantos años en su *How to Master the English Bible*.

La lectura de este libro no te dará en sí misma un conocimiento de Isaías porque la manera de conocer Isaías es leer el libro. Y esta verdad es evidente con frecuencia en el estudio bíblico; por lo tanto, si estás verdaderamente interesado, lee Isaías del todo, más de una vez y usa este breve estudio como guía o perspectiva, no como un fin en sí mismo.

1

# ANTECEDENTES HISTÓRICOS

## EL LUGAR DE ISAÍAS EN LA BIBLIA

Los antiguos hebreos llamaban a los Libros Sagrados (que nosotros designamos como Antiguo Testamento) «La Ley, los Profetas y los Escritos». El Señor Jesucristo, hablando a sus discípulos, después de haber resucitado de los muertos, se refirió a esta triple división (Lc. 24:44).

*Los Profetas* son aquellos libros escritos por hombres que realizaban el oficio de profeta, y un profeta era más que uno que profetiza el futuro; era un portavoz oficial de Dios. Su mensaje incluía amonestación, exhortación, estímulo y consuelo, pero también la profecía. El mensaje del profeta respecto al futuro era una de las pruebas de que todo su mensaje procedía de Dios, que es el único que conoce el fin desde el principio (Is. 46:10).

Los Profetas fueron clasificados posteriormente como «Profetas anteriores» y «Profetas posteriores». La primera de estas dos secciones estaba compuesta por libros de contenido histórico, pero, no obstante, fueron escritos por profetas oficiales, y son los libros de Josué, Jueces, Samuel y Reyes (cada uno de los dos últimos eran en su origen un libro en la Biblia hebrea).

Los Profetas posteriores son Isaías, Jeremías, Ezequiel y Los

Doce. Este último título incluye todos los libros desde Oseas hasta Malaquías. Al principio de esos Profetas posteriores, aunque no ciertamente el primero que fue escrito, destaca el incomparable libro de Isaías y su posición muestra la importancia que se le concedía desde tiempos antiguos.

## EL ESCRITOR DEL LIBRO

El libro de Isaías recibe su nombre (como ocurre con todos los libros de los Profetas posteriores) de su escritor, Isaías, hijo de Amoz (1:1), si bien poco se sabe de dicha persona, aunque más de lo que se sabe de los otros profetas. No se sabe nada con certeza respecto de sus antepasados, aunque eran parte de la familia real de Judá, según dice la antigua tradición judaica. No hay que confundir a su padre con el profeta Amós porque son dos nombres enteramente diferentes y no existe relación entre ellos.

Se sabe que Isaías vivió en la ciudad de Jerusalén; que estaba casado (8:3) y que, al menos, tenía dos hijos (7:3; 8:3). Su ministerio se extendió durante el reinado de cuatro reyes de Judá, a saber, Uzías, Jotam, Acaz y Ezequías, aunque no inició su obra hasta casi el final del reinado de Uzías. Debió ejercer su ministerio durante casi cuarenta años. Si bien la cronología del Antiguo Testamento se presenta como asunto de gran dificultad y existe mucha diferencia entre las varias opiniones respecto a las fechas, podemos asegurar que Isaías profetizó durante la segunda mitad del siglo octavo antes de Cristo. Él mismo nos dice que vio al Señor en el año que murió el rey Uzías, que bien pudo ser por el año 740 a.C. Se encontraba profetizando por el tiempo en que el reino del norte, Israel, fue hecho cautivo por los asirios en el año 722 a.C. y, sin duda, continuó durante algunos años después. Ezequías, el último de los cuatro reyes durante cuyo tiempo ministró Isaías, murió, probablemente, en el año 686 a.C.

La antigua tradición mantiene que Isaías fue condenado a muerte por el hijo y sucesor de Ezequías, el perverso Manasés, e incluso se nos dice que murió «aserrado». Algunos han pensado que la alusión a semejante forma terrible de martirio se encuentra en Hebreos 11:37 y tiene referencia a Isaías, pero, desde luego, no tenemos manera de saberlo con certeza.

## OTROS PROFETAS EN EL TIEMPO DE ISAÍAS

El profeta Amós, o había acabado o estaba acabando su ministerio cuando Isaías comenzó a profetizar en Judá. Amós, aunque era nativo de Judá, fue enviado por Dios a profetizar contra el reino del norte, Israel. Oseas inició su ministerio en Israel algún tiempo antes que Isaías lo empezara en Judá, y Miqueas era un joven contemporáneo, que profetizaba como Isaías en Judá. Hay una serie de similitudes entre estos dos libros, y un pasaje de Isaías 2, especialmente, es paralelo a un pasaje en Miqueas 4.

## EL FONDO HISTÓRICO DE ISAÍAS

El fondo histórico de Isaías se halla en 2 Reyes y en 2 Crónicas. Durante unos dos siglos el reino estuvo dividido, y el reino del norte, o sea, Israel, fue gobernado por una sucesión de reyes malos, procedentes de diferentes familias gobernantes, o dinastías, todas las cuales siguieron en los pasos de Jeroboam, el hijo de Nabat, «que hizo pecar a Israel». Ninguno de los reyes de Israel, ni siquiera Jehú, que había barrido la adoración a Baal de los sidonios, importada en Israel por Jezabel, desautorizó la perversa práctica de Jeroboam de erigir los ídolos de Dan y Betel e identificarlos con el Dios que había sacado a su pueblo de Egipto (1 R. 12:26-30).

Justamente antes del período en que Isaías comenzara su ministerio, el reino de Israel estaba gobernado, durante cuarenta y un años, por el poderoso y brillante Jeroboam II, de la casa de Jehú.

Aquel fue el tiempo de mayor prosperidad exterior y ampliación del reino del norte, pero estaba podrido hasta la médula y se precipitaba hacia el definitivo juicio de Dios, como mostraron Oseas y Amós.

El poder mundial dominante en tiempos de Isaías era Asiria. Antes de aquel tiempo, Egipto había mantenido una gran importancia, pero ahora, sin embargo, su poder declinaba y se vio envuelto en una lucha a muerte con la creciente y agresiva Asiria. Debemos conocer algo de esto, al objeto de comprender las alusiones políticas de Isaías. Durante la vida del profeta, el poderoso reino de los asirios se tragó a Israel e invadió el propio país de Judá, amenazándolo seriamente.

Judá estaba gobernado por los descendientes del rey David, y algunos de ellos fueron buenos, en tanto que otros fueron malos. Incluso en los períodos de reavivamiento y de reforma en tiempos de los reyes buenos, la tendencia espiritual general de Judá tendía a declinar. La prosperidad exterior, especialmente durante el largo reinado de Uzías, hizo que la nación se olvidase de Dios. Uzías y su hijo Jotam, en términos generales, eran buenos reyes, a pesar de que Uzías, al final de su vida, intentó inmiscuirse en la obra de los sacerdotes (2 R. 15:3, 34; 2 Cr. 26:16-21).

Acaz, el hijo de Jotam, fue un hombre malo que introdujo abominables prácticas paganas en su reino (2 R. 16:2-4) y en varias ocasiones Judá buscó aliarse con Asiria o con Egipto. Isaías denunciaba estas alianzas y llamaba la atención para que se volviera a Dios. La cautividad babilónica aparecía a lo lejos, siendo este un tema abundante en la profecía de Isaías, aunque el flamante Imperio babilónico todavía no era tan poderoso en días de Isaías, y no amenazó a Judá hasta cerca de un siglo después, en tiempos del rey Josías y del profeta Jeremías.

A pesar de esa decadencia espiritual, durante un tiempo se

registró un avivamiento cuando Ezequías era rey, uno de los más notables y mejores de todos los reyes (2 R. 18:1–20:21; 2 Cr. 29:1–32:33). El rey Ezequías y el profeta Isaías fueron grandes amigos y compatriotas en tiempos de peligro y apostasía.

## LA UNIDAD DEL LIBRO DE ISAÍAS

Desde el año 1750, muchos críticos destructivos de la Biblia han negado o han dudado de la unidad del libro de Isaías, aunque no hay prueba alguna de que el libro existiera en forma diferente de como lo encontramos hoy. La tradición uniforme, hebrea y cristiana, ha aceptado la unidad de este libro durante muchos siglos y este es un hecho que, como alguien ha dicho, no puede ser derribado por una mera teoría.

Empezando con un solo capítulo o con varios capítulos, los críticos se atrevieron luego a destruir el libro, hasta que llegaron a conceder muy poco de él a la paternidad literaria de Isaías. Casi a finales del siglo diecinueve estaba de moda hablar de Isaías y el Deutero-Isaías (o Segundo Isaías), afirmando que la segunda parte del libro (caps. 40–66) no pudo haber sido escrita por Isaías en el siglo octavo antes de Cristo, pero pudo haber sido escrita por algún otro profeta en Babilonia, que soñaba con el retorno de su pueblo de la cautividad.

Una razón para la teoría del Deutero-Isaías consistía en que muchos de los eruditos que estudiaban la Biblia estaban infectados por el virus del racionalismo y no creían en milagros ni en la profecía verdadera. Cuando un libro de la Biblia contiene una predicción específica, la explicación más corriente que da este tipo de gente es que no se trata efectivamente de una predicción, sino que ha debido de escribirse con posterioridad, durante el momento en que acontecía lo predicho o después de haber acontecido. Isaías contiene algunas profecías específicamente predictivas y una de las más notables es el mencionar por adelantado el nombre de Ciro, el rey de los persas, en los capítulos 44 y 45. El crítico racionalista no admitiría que Isaías pudiera mencionar a Ciro dos siglos antes de que este viviera.

El asunto básico es la inspiración de la Biblia porque si la Biblia fuese un libro meramente humano, entonces, como en cualquier otro libro no inspirado por Dios, la mención de Ciro sería increíble, pero si la Biblia está verbalmente inspirada por Dios, y es la Palabra de Dios inequívoca, entonces dicha mención no es increíble. En realidad, el problema no se encuentra situado entre Isaías y la persona que duda solamente, ni entre el que duda y el que cree, sino entre el que duda y el Nuevo Testamento, o fundamentalmente entre el que duda y el Señor Jesucristo.

La mayoría de los estudiantes de la Biblia racionalistas no se han contentado con tener dos Isaías porque hay una teoría de un tercer Isaías, el Trito-Isaías, que se supone haya escrito todo el material que se encuentra en los capítulos 55 al 66. Se coloca a dicho escritor a finales del siglo quinto antes de Cristo, en la tierra de Israel después de la cautividad. Todavía hay otras teorías que abogan por una multitud de escritores y de redactores o editores que intervinieron en la preparación del libro tal como ha llegado hoy a nuestras manos.

Los intentos de hacer una disección del libro de Isaías, semejante a las varias teorías documentarias de los libros de Moisés, no tienen ni el más mínimo asomo de veracidad, pero se basan, como hemos dicho ya, en la negación de la profecía auténtica y en las meras conjeturas o imaginaciones de los críticos.

El libro de Isaías da pruebas de formar una unidad. Era costumbre de los Profetas posteriores el poner su nombre en los libros que escribían y solo hay un nombre que aparece unido a este libro, el de Isaías, hijo de Amoz. Los escritores del Nuevo Testamento citan de todas partes del libro de Isaías y de forma reiterada se refieren a ello como a la obra de Isaías. En Juan 12:38-41 se citan pasajes de Isaías 53 y 6, atribuyéndolos a dicho autor.

Además de la tradición uniforme, de lo que el mismo libro afirma respecto de su unidad, del testimonio del Nuevo Testamento, hay otras pruebas de ello que se encuentran en el interior del libro mismo, tales como el estilo literario y la repetición de expresiones clave y de motivos. A lo largo del libro, por ejemplo, se hace mención de Dios bajo el apelativo de «el Santo de Israel». Este título, que se encuentra veinticinco veces en el libro de Isaías, se emplea solamente seis veces en el resto del Antiguo Testamento y una de esas veces en el libro de 2 Reyes 19, que es idéntica a Isaías 37.

Las pruebas extensas de la unidad del libro hemos de dejarlas a las obras de referencia sobre el Antiguo Testamento, donde en las introducciones de Isaías se afirma esta cuestión de modo técnico, ya sea en los comentarios bíblicos como en otros libros especializados. Lo que nosotros presentamos en este libro se basa en la fe inquebrantable de que el libro de Isaías es una unidad real.

# 2

# VISTA PANORÁMICA

## ISAÍAS, PROFETA DEL EVANGELIO

Ningún libro del Antiguo Testamento, a excepción del de los Salmos, se cita o se refiere tanto en el Nuevo Testamento como este de Isaías. Aunque el profeta tuvo mucho que decir referente a su propio tiempo, y estaba grandemente preocupado por la amenazante cautividad babilónica y sus consecuencias, fue de modo claro el profeta evangélico. Era el profeta del evangelio ya que su libro abunda en alusiones mesiánicas y, si no vemos al Señor Jesucristo en las páginas del libro de Isaías, es porque estamos, realmente, ciegos.

En capítulos posteriores hablaremos más particularmente de algunas de las profecías referentes a Cristo, pero ahora, al objeto de dar una impresión del contenido mesiánico del libro, solo nos basta mencionar que este es el libro de Emanuel nacido de una virgen (7:14), del Niño nacido, del Hijo que nos es dado, cuyo nombre es «Admirable, Consejero, Dios Fuerte, Padre Eterno, Príncipe de Paz» (9:6), de la vara del tronco de Isaí (11:1), del Rey que «para justicia reinará» (32:1), del que «como pastor apacentará su rebaño» (40:11), del siervo en el que Dios «tiene contentamiento» (42:1), del «varón de dolores» y del «cordero [que] fue llevado al matadero» (53:3, 7). Todas estas y muchas más son descripciones vivas del Señor Jesucristo, escritas por inspiración unos setecientos años antes de que viniera al mundo.

Cuando miramos en el Nuevo Testamento, vemos en muchos lugares el nombre de Isaías. Mateo lo cita repetidamente para mostrar que Jesús de Nazaret es el Mesías prometido y el Rey (Mt. 4:14; 8:17; 12:17), y Juan el Bautista, al comienzo de su poderoso ministerio, también cita a Isaías (Jn. 1:23). El Señor Jesucristo mismo, en la sinagoga de Nazaret, «allí donde se crio», leyó del libro de Isaías y anunció el cumplimiento de la profecía que había leído (Lc. 4:16-21). El apóstol Juan informa que Isaías habló de la gloria del Señor Jesús (Jn. 12:41) y el tesorero etíope, que regresaba a casa de su viaje a Jerusalén, iba leyendo al profeta Isaías (Hch. 8:28), en tanto que Pablo, tanto en su ministerio oral como escrito, menciona a Isaías (Hch. 28:25-27; Ro. 9:27, 29; 10:16, 20; 15:12).

Referencias a Isaías en el Nuevo Testamento se encuentran, no solo en aquellos lugares en que es mencionado claramente, sino que, con frecuencia, es mencionado como «un profeta» o «el profeta» y frecuentemente aparecen breves alusiones a alguna frase de su libro sin que ello constituya una cita formal.

## EL TEMA DEL LIBRO

A decir verdad, en la providencia todopoderosa de Dios, no constituye una mera casualidad que el profeta lleve tal nombre por cuanto *Isaías* significa «la salvación de Jehová» y no pudo haber otra declaración que le fuese más acertada al propio tema del libro. El profeta debe, en conformidad con la misión que Dios le ha señalado, proclamar el juicio por el pecado, debe anunciar la venida de la cautividad babilónica, pero incluso, en medio de tales pasajes que hablan de la cautividad, pueden encontrarse destellos de liberación y más tarde dicha liberación se convierte en la sustancia de la gran corriente de alegría que proporciona dicha profecía. Esto no puede limitarse a la liberación de Babilonia durante el mandato de Ciro, aunque sea tan prominente en la profecía, sino que hay a la vista una liberación mayor realizada por Emanuel: la extensión de la salvación de Jehová, por medio de su Siervo, hasta los confines de la tierra, esto es, el gobierno mundial del Mesías en justicia y en paz. El conjunto de la visión de Isaías (1:1) es tan amplio como es el mundo entero y alcanza hasta el reino milenial de Cristo, y aún más, hasta los nuevos cielos y la nueva tierra (66:22). Con semejante tema, ¿quién dejará de cantar? Y cuando el que canta es Isaías, llevado por el Espíritu de Dios (2 P. 1:21), no hay que extrañarse que sea un cántico de belleza y poder excepcional.

## EL ESTILO DEL LIBRO

Es verdad que el libro de Isaías no es, en el sentido estricto de la palabra, un cántico, pero, no obstante, grandes porciones del mismo sí que son poéticas, más de lo que generalmente se piensa. En extensión y variedad de vocabulario, Isaías es excelente, y esto es debido, sin duda, por lo extenso del libro y por su variedad inusitada en el tema del libro. Abundan las figuras del lenguaje, la personificación, la metáfora, y el simil se sucede uno tras otro, en rápida sucesión. Se da la paronomasia, o juego de palabras, que no se ve en ocasiones en nuestra traducción, como tampoco se ve la aliteración en nuestra traducción, en tanto que el empleo de estrofas constituye un ingenio frecuente que se puede dar en la traducción a nuestra lengua.

Hay, realmente, cánticos en el libro, como el cantar de la viña (cap. 5), el cantar de la salvación que viene (cap. 12), el cantar del desierto alegre (cap. 35), el cantar de la mujer restaurada (cap. 54) y muchos otros.

Otra característica notable del estilo de Isaías es su empleo de la sátira. ¿Dónde podríamos hallar una denuncia contra la idolatría más mordaz que la de Isaías, burlándose del hombre que corta un árbol y usa partes del mismo para hacer fuego con que calentarse y con que hacer su comida, y luego emplea partes del mismo para hacer un dios (44:13-20)?

## DISTRIBUCIÓN DE LAS PROFECÍAS

Era costumbre de los profetas del Antiguo Testamento el dar sus mensajes de forma oral, antes de ponerlos por escrito. Y teniendo en cuenta el largo ministerio de Isaías, está claro que daría más mensajes de los que aparecen escritos en su libro. No solamente los mensajes orales, sino también los escritos, en la forma en que han sido preservados, y en la manera en que las profecías han sido dispuestas, son obra de Dios.

Hay pocas indicaciones del tiempo en este libro, pero aunque sean pocas, parece que las profecías se hallan dispuestas en orden cronológico. Isaías dice en el principio que profetizó durante los reinados de cuatro reyes: Uzías, Jotam, Acaz y Ezequías, todos ellos de Judá (1:1). La primera indicación del tiempo se encuentra en la referencia al año en que murió el rey Uzías (6:1) y luego ello va seguido casi inmediatamente por la mención de los «días de Acaz» (7:1) por lo que asumimos que las profecías de los primeros seis capítulos fueron dadas durante los reinados de Uzías y de Jotam. Parte del reinado de Jotam tuvo lugar durante la vida de su padre, porque Uzías fue castigado con la lepra de parte de Dios por haberse inmiscuido en los oficios del sacerdocio, y tuvo que permanecer aislado durante los últimos años de su vida (2 Cr. 26:16-23).

La siguiente fecha que se nos ofrece es la de la muerte del rey Acaz (14:28) y la otra referencia al tiempo es la de la invasión de los asirios en tiempos de Sargón (20:1) y la gran invasión asiria de Judá en el año catorce del reinado del rey Ezequías (36:1).

## BOSQUEJO BÁSICO DEL LIBRO

El más sencillo y, probablemente, el más lógico bosquejo del libro de Isaías es el que le divide en dos partes principales. Todos reconocen que hay una diferencia entre ambas partes, y tanta que los críticos destructivos, como hemos indicado ya, han puesto en entredicho la unidad del libro. Estos críticos, desde luego, han exagerado las diferencias y han ignorado las similitudes. Hay, no obstante, un marcado cambio de tono al principiar el capítulo 40.

Una forma fácil de recordar las divisiones de Isaías es tener en cuenta que hay el mismo número de capítulos en la primera parte que en la totalidad del Antiguo Testamento, o sea 39, y que hay tantos capítulos en la segunda parte como libros hay en el Nuevo Testamento, o sea 27. No hay que buscar ninguna significación doctrinal en este detalle porque la división que hoy encontramos en el libro no existía en su original.

Sin ninguna intención de manifestar originalidad, podemos decir de forma general que la primera parte de Isaías consiste en el tema del *juicio de Dios* y que la segunda parte tiene como tema el *consuelo de Dios*. La nota dominante de cada uno de esos casos se encuentra al principio: la alerta condenatoria de Dios contra el reino de Judá, en el capítulo primero, en donde a la ciudad de Jerusalén se la llama Sodoma y Gomorra (1:10), y la intención divina de hablar palabras de consuelo a Jerusalén, una vez obviadas las graves pruebas, en el capítulo 40 (40:1-2).

## ANÁLISIS DE LA PRIMERA PARTE DE ISAÍAS

En el estudio bíblico hay siempre un peligro que consiste en levantar armazones artificiales y arbitrarios y luego aplicarlos al libro que se está estudiando. No hay necesidad alguna de que digamos que esto hay que evitarlo porque lo que debe hacerse es buscar en el libro mismo y ver cuáles son las divisiones que se encuentran en él de modo lógico. Se ha dicho que el libro, en términos generales, tiene dos partes, y lo inmediato que hay que hacer es descubrir qué subdivisiones se ofrecen en la primera parte.

Los primeros seis capítulos llegan a su punto álgido cuando Isaías relata su visión del Señor, y se desgajan por la nota respecto al tiempo que nos da el principio del capítulo 7, el cual introduce una profecía posterior. De igual forma, los capítulos 7 al 12 tienen un tema central porque las perturbaciones del tiempo de Acaz dan lugar a la gran profecía de Emanuel y a la venida de su reino. No existe dificultad alguna en reconocer una sección distinta en los capítulos 13 al 23 porque aquí la palabra unificadora es *profecía*, la cual profecía es de punzante importancia. Los capítulos 24 al 27 forman igualmente una unidad, que describe los acontecimientos de los últimos días, y la sección siguiente se define claramente por el uso de la palabra *¡Ay!*, en los capítulos 28 al 33. Una sección breve de dos capítulos (34 y 35) viene a continuación, que de nuevo nos lleva a la Edad del Milenio. La sección final de esta parte del libro nos cuenta los hechos históricos del reinado de Ezequías (caps. 36 al 39).

Si bien no decimos que esta división es inspirada, nos parece una agrupación lógica del material y tiene la ventaja de basarse en gran parte en las claves que ofrece la Biblia misma. Por consiguiente, decimos que hay siete secciones en la primera parte de Isaías.

*Primera parte:* El juicio de Dios (1–39)

I. Profecías iniciales (1–6)
II. Profecías sobre Emanuel (7–12)
III. Las profecías o «cargas» sobre las naciones (13–23)
IV. Castigo y bendición del reino (24–27)
V. Las exclamaciones «¡ay!» (28–33)

VI. Indignación y gloria (34, 35)
VII. Interludio histórico (36–39)

## ANÁLISIS DE LA SEGUNDA PARTE DE ISAÍAS

En la segunda parte de libro se ve al profeta contemplando el retorno del pueblo, más allá de la cautividad babilónica, y considerando aquel episodio como una liberación mayor futura realizada por el Mesías. Desde este punto de mira ideal, el profeta puede contemplar la cautividad como pasada (aunque literalmente no se inició hasta un siglo después de la vida de Isaías) y puede gozarse en las glorias de la restauración de Israel.

Muchos escritores han observado que la segunda parte de Isaías parece estar hecha de veintisiete secciones breves, que corresponden, en general, a la división actual en capítulos. Estas vienen agrupadas claramente en tres secciones más largas de nueve capítulos cada una lo que no constituye una arbitrariedad del comentarista, ni una disposición caprichosa, puesto que está encajada dentro de la estructura del libro mismo. Dos veces en esta parte del libro Dios hace esta declaración: «No hay paz… para los impíos». Esta doble declaración marca la división triple de la segunda parte de Isaías (48:22; 57:21).

La presentación simétrica de la segunda parte de Isaías no puede ser accidental, sobre lo que comentaremos más adelante en los lugares apropiados respecto de la estructura interna de las tres secciones. Los capítulos 40 a 48 hablan de la próxima liberación de Babilonia y traza el contraste que hay entre el verdadero Dios y los ídolos. Los capítulos 49 a 57, que forman la sección central de esta parte de Isaías, tienen como tema principal las dos grandes líneas de la profecía mesiánica mencionada en el Nuevo Testamento, es decir: «los sufrimientos de Cristo y las glorias que le seguirían» (1 P. 1:11). La última sección, capítulos 58 al 66, llevan a un punto culminante las enseñanzas respecto del propósito de Dios con Israel, la gloria venidera de su pueblo.

Podemos, por tanto, planificar la segunda parte de Isaías en la forma siguiente:

*Segunda parte:* El consuelo de Dios (40–66)

I. Liberación del pueblo de Dios (40–48)

II. El Siervo sufriente como Redentor (49–57)

III. La consumación gloriosa (58–66)

Con esta perspectiva del libro, estamos ahora dispuestos a considerar más íntimamente las diferentes secciones del mismo.

3

# PROFECÍAS INICIALES

Las profecías de los primeros seis capítulos de Isaías, pronunciadas durante los reinados de Uzías y Jotam, muestran la corrupción moral del pueblo de Judá y su creciente y continuada dureza de corazón. En esta sección es en donde vemos la acusación formal de Dios contra la nación y nos enteramos de la comisión encargada al profeta Isaías. Aquí también, casi al principio, se nos deja ver el reino futuro de Cristo, de modo que la sección toda podemos dividirla de la siguiente manera:

*Primera parte:* El juicio de Dios (1–39)

I. Profecías iniciales (1–6).
   A. Lamentación de Dios por la corrupción de Judá (1)
      1. Encabezamiento del libro (1:1)
      2. La acusación de Dios (1:2-23)
      3. La venganza de Dios (1:24-31)
   B. El reino y sus juicios introductorios (2–4)
      1. El reinado del Mesías (2:1-4)
      2. Apelación y advertencia (2:5–3:26)
      3. La rama o «renuevo» de Jehová (4)
   C. Los pecados de Judá y los ¡Ay! resultantes (5)
      1. El cantar de la viña (5:1-6)
      2. El significado del cántico (5:7-30)

D. La llamada de Isaías y su misión (6)
   1. La visión (6:1-4)
   2. Confesión y limpieza (6:5-7)
   3. La misión del profeta (6:8-13)

## ENCABEZAMIENTO DEL LIBRO (1:1)

El versículo de apertura es, realmente, el título inspirado del libro, al llamarse «visión» que Isaías «vio». Esto indica lo sobrenatural de la revelación. No sabemos con certeza de qué manera pasó el mensaje Dios a Isaías, pero el fracaso del mismo deja ver claramente que Isaías no fue el que inició lo que iba a seguir, ya que él lo vio, en otras palabras, lo recibió mediante una percepción profética sobrenatural. Él fue uno de aquellos «santos hombres de Dios» que «hablaron siendo inspirados por el Espíritu Santo» (2 P. 1:21).

En primer lugar, el mensaje tiene que ver con el reino del sur, y la capital, Jerusalén, se destaca como representación del reino en su totalidad. Cuando nos damos cuenta de que el reino de Judá estaba regido por descendientes de David y de que la adoración en el templo se localizaba allí, podemos entonces comprender más claramente lo terrible de la apostasía y la fuerza de la denuncia divina que Dios hace caer sobre la nación.

## LA ACUSACIÓN DE DIOS (1:2-23)

La llamada a los cielos y a la tierra para que oigan nos recuerda el cántico profético de Moisés en Deuteronomio 32. A pesar de todas las bendiciones que Dios derramó sobre su pueblo, a pesar de los privilegios especiales que les concedió, aquellos hijos se habían rebelado contra Dios. Eran peores, mucho peores, que el buey y el asno, dos animales domésticos que se conocen por su estupidez y por su terquedad. Su pecado no era una cosa transitoria, sino que se trataba de algo habitual. En el versículo cuatro vemos a Jehová por primera vez en el libro, caracterizado como el «Santo de Israel». Y como el Santo no podía sino ser provocado por aquella situación persistente de pecado de su pueblo.

Sin embargo, en toda la acusación que Dios hace contra su pueblo, el tono es de lamento y de súplica. Dios no se goza en el desconsuelo y perdición de los malvados, sino que lo que desea es que estos se vuelvan a Él, y por ello dice, en el versículo cinco: «¿Por qué querréis ser castigados aún?». Las condiciones que se describen en estos versículos son comienzo del cumplimiento de las maldiciones pronunciadas contra Israel por su desobediencia, según lo encontramos en Levítico 26 y Deuteronomio 28 y 29. Si bien algunos comentaristas toman el versículo siete y los siguientes como una descripción del tiempo en que vivía el profeta, no nos parece probable que sea así. Él tiene la facultad, de parte de Dios, de mirar hacia adelante, a lo que sería el resultado final de aquella corrupción moral que en aquellos momentos era tan aparente. El juicio se contempla como si ya hubiera tenido lugar, y vemos a la viña desnuda, en ciudad asolada, con un resto muy pequeño (vv. 8-9). Dios no lleva a cabo una destrucción total de Judá, como hiciera con Sodoma y Gomorra, aunque sus pecados hubieran justificado tal acción.

La verdad es que Dios llama Sodoma y Gomorra a la nación (v. 10) y muchos, a la verdad, en Judá protestarían de que se les comparase con aquellas ciudades perversas de la llanura, descritas en Génesis 19, pero lo peor de aquella corrupción era que se cubría con la capa de la religiosidad. El pueblo repetía continuamente las ceremonias y fórmulas de la adoración, de acuerdo con las exigencias externas del ritual mosaico, que el mismo Dios había dado, pero tales sacrificios no tenían significado alguno porque eran «vana ofrenda» (v. 13). El pueblo utilizaba y desgastaba los atrios del templo meramente, puesto que aquellos sacrificios no iban acompañados de la recta y conveniente actitud de corazón para con Dios. Las manos que alzaban suplicantes hacia Dios estaban manchadas con la sangre de otros hombres; eran opresores y criminales (v. 15).

Dios derrama siempre su gracia y su misericordia, y es paciente; por ello apela a los pecadores y su apelación es típica para todos los hombres, ya sean los de antaño como los de nuestros días. ¿Cómo pueden ser limpios, según requiere Dios? Él mismo nos da la respuesta y nos facilita esa limpieza:

> Venid luego, dice Jehová, y estemos a cuenta: si vuestros pecados fuesen como la grana, como la nieve serán emblanquecidos; si fueren rojos como el carmesí, vendrán a ser como blanca lana (v. 18).

Teniendo en cuenta la enseñanza de la Biblia en su totalidad, sabemos que la limpieza del pecado se basa en el sacrificio de Cristo, aquel sacrificio que fue profetizado tan gráficamente en las palabras de Isaías. Israel no tenía defensa, pero Dios le ofrecía su gracia y, cuando la gracia es despreciada, no hay otro remedio, otro camino, que el juicio.

El pacto de relación entre Dios y su pueblo se contempla frecuentemente en el Antiguo Testamento como un matrimonio. Y aquí contemplamos a la ciudad, que había sido en el pasado fiel a Dios, en un estado de suma infidelidad (v. 21). Las glorias pasadas habían sido olvidadas a causa de la corrupción general y de la opresión reinante.

## LA VENGANZA DE DIOS (1:24-31)

Cuando Dios anuncia su venganza, emplea una combinación de nombres para sí mismo que no se encuentra en ninguna otra parte del libro (v. 24). En primer lugar, se llama a sí mismo «Jehová», palabra que significa Dueño soberano, y luego es el «Jehová de los ejércitos», el Dios mantenedor del pacto que controla los ejércitos de los cielos. También es el «Fuerte de Israel». Estos tres nombres juntos enfatizan la omnipotencia de Dios, y muestran la certeza del juicio que habrá de acontecer.

Sin embargo, el juicio implica, en verdad, redención para algunos por cuanto en el proceso de depuración descrito en el versículo 25, se deja la parte buena.

## EL REINADO DEL MESÍAS (2:1-4)

La profecía se vuelve ahora a los tiempos mesiánicos porque siempre tiene ese significado la expresión «lo postrero de los tiempos» (2:2) en el Antiguo Testamento. Estos versículos introductorios del capítulo 2 son casi idénticos a los versículos iniciales de Miqueas 4. Miqueas era contemporáneo de Isaías, pero no hay que pensar en que haya dependencia del uno con el otro toda vez que Dios podía dar la misma profecía a los dos hombres. Esta es una descripción poética del próximo reino terrenal del Señor Jesucristo y debemos compararla, no solamente con el pasaje paralelo de Miqueas, sino con otros pasajes como el Salmo 2 y el 46.

Los hombres suspiran por la paz, pero no quieren reconocer la inutilidad de sus esfuerzos por conseguirlo. Solamente cuando la palabra sale de Jerusalén (v. 3), cuando Él mismo reine sobre las naciones (v. 4) vendrá la paz. El desarme es una medida ineficaz hoy para las naciones que aman la paz por cuanto la avaricia y la agresión en el mundo está bien presente en la actualidad. Cuando Cristo reine tendrá lugar el verdadero y efectivo desarme entre las naciones, pues Él impondrá la justicia sobre toda la tierra.

## APELACIÓN Y ADVERTENCIA (2:5–3:26)

Está claro que el reino no podrá establecerse antes del tiempo del juicio; de ahí que este pasaje de apelación y advertencia sea adecuado. Hay, sin duda, en este pasaje una mezcla de las condiciones existentes en días del profeta con las condiciones que prevalecerán en el día futuro del juicio, en el «día de Jehová» (v. 12). La idolatría, que ha sido la maldición de Israel a través de generaciones múltiples, ha de abolirse completamente (v. 18). Muchas de las cosas que se mencionan en el capítulo 3 tuvieron lugar durante la captura de Jerusalén por las fuerzas babilónicas, pero la repetida referencia a «aquel día», no obstante, mira a los tiempos mesiánicos. El final del capítulo habla de la anulación o reducción de la población varonil a causa de la guerra. El primer versículo del capítulo 4 pertenece, realmente, al final del capítulo 3. Las mujeres están dispuestas a ceder sus derechos, que pueden exigir, según la ley (Éx. 21:10) con tal de tener maridos.

## EL «RENUEVO DE JEHOVÁ» (4:1-6)

En «renuevo de Jehová», que se menciona en 4:2 no puede ser otro que el Mesías (cp. Jer. 23:5; 33:15; Zac. 3:8; 6:12). La señal de distinción en «aquel día» no sería de posición o de prestigio, sino más bien de santidad (v. 3). En un bello lenguaje poético, el Señor muestra cómo su presencia ha de morar en su pueblo (v. 5) del mismo modo que estuvo con ellos en los primeros tiempos de las peregrinaciones por el desierto. Es notable cuántas veces en el libro de Isaías se cubre la misma secuencia de acontecimientos, los cuales van relacionados con el juicio futuro de Israel y la edad del Reino cuando Cristo reinará sobre la tierra.

## EL CANTAR DE LA VIÑA Y SU EXPLICACIÓN (5:1-30)

Este es el anuncio del juicio en forma de parábola. Su presentación como cántico puede servir para ablandar la dureza de la profecía. Muestra la situación de favor de Israel y el gozo de la misma, acerca de lo cual no puede haber dudas respecto de su interpretación, toda vez que se da en el pasaje mismo (v. 7). Este no es el único caso del Antiguo Testamento en donde se compara a Israel con una viña (ver Sal. 80 y Os. 10). El Señor Jesucristo alude, indudablemente, a esta porción de Isaías, al pronunciar su parábola sobre la viña (Mt. 21:33-44) que los principales sacerdotes y los fariseos comprendieron claramente que iba contra ellos.

Ya que Dios había plantado dicha viña, tenía derecho a esperar buenos resultados de ella. Y, en lugar de justicia, encuentra vileza en el pueblo (v. 7); en lugar de rectitud y honradez, encuentra el grito del oprimido. La última cláusula del versículo 7 es un claro ejemplo de paronomasia, puesto que las voces hebreas «justicia» y «clamor» vienen a ser bastante similares.

Algunos de los pecados de Israel que acarrean semejante juicio vienen, por tanto, claramente enumerados. Los que, por egoísmo, añaden heredad a heredad, serán castigados con soledad en la tierra, y grandes fracasos en sus cosechas (vv. 8-10). La borrachera será castigada con la cautividad (vv. 11-14) y Dios se encargará de que los hombres sean derribados y Él sea ensalzado (vv. 15-17).

Los ¡ay! son pronunciados contra aquellos que desafían y se rebelan (vv. 18-19); contra aquellos que confunden los términos de la ética y la moralidad (v. 20), pecado que todavía prevalece en nuestros días, lo mismo que en los de Isaías; contra aquellos que en su engaño dependen de su propia imperfecta sabiduría humana (v. 21); contra los jueces borrachos (vv. 22-23).

La justicia de Dios interviene con toda seguridad. Primero, se la invoca en términos generales (v. 24), luego se la describe como un golpe de la mano de Dios (v. 25) y, por último, se la ve como ejército invasor (vv. 26-30).

Esta sección casi acaba, excepto por el relato de la propia encomienda al profeta en el capítulo 6. A lo largo de estos capítulos, la justicia de Dios se ha visto reivindicada en el castigo de su pueblo por la iniquidad de ellos, ya que esta se ha revelado plenamente en toda su fealdad. No obstante, como se ha visto, la gracia de Dios nunca falta, sino que está a mano. El brazo extendido del juicio amenazador va acompañado de la llamada amorosa al individuo que quiera volverse a Dios.

# 4

# LA MISIÓN DEL PROFETA

En nuestro estudio elemental de Isaías es a un tiempo necesario y deseable prestar mayor atención a ciertas partes del libro que no a otras, y es de desear especialmente que veamos las profecías del Señor Jesucristo en el libro. Si bien el capítulo 6 no es una profecía de Cristo, no obstante, tiene una relación directa con Él, como nos enseña el Nuevo Testamento.

> Por esto no podían creer, porque también dijo Isaías: Cegó los ojos de ellos, y endureció su corazón; para que no vean con los ojos, y entiendan con el corazón, y se conviertan, y yo los sane. Isaías dijo esto cuando vio su gloria, y habló acerca de él (Jn. 12:39-41).

El contexto indica que los pronombres se refieren al Señor Jesucristo. Isaías vio *su* gloria y habló de *Él*. Esto, desde luego, se encuentra en el capítulo que estamos considerando.

## LA VISIÓN (6:1-4)

Isaías nunca podría olvidar la experiencia que relata aquí, y nunca dudaría de ella, más bien la recordaría toda la vida. Él la sitúa: «en el año que murió el rey Uzías» y algunos han pensado que la muerte del rey, considerada, quizás, en gran estima por el joven profeta, hizo posible que abriera los ojos para contemplar visiones de largo alcance, para contemplar al Rey celestial. Esto es mera especulación y no coincide con la fecha que el profeta nos da porque la expresión «el año que murió el rey Uzías» podría indicar que dicho acontecimiento tuvo lugar todavía en vida del rey; de otra manera pudo haberse fechado en tiempos del reinado de Jotam. Si bien aceptamos que la Biblia es inspirada verbalmente por Dios y reconocemos el hecho de que cada palabra tiene su significado, hemos de tener cuidado de no sacar falsas deducciones ni acabar en equivocadas conclusiones.

Isaías vio al Señor. Y ya hemos visto que Juan se refiere a esta experiencia como una visión de la gloria de Cristo. El Hijo de Dios es siempre quien revela a Dios, antes de su encarnación y también después de ella:

> A Dios nadie le vio jamás; el unigénito Hijo, que está en el seno del Padre, él le ha dado a conocer (Jn. 1:18).

La palabra que se emplea aquí para *Señor* (6:1) significa el «Dueño soberano» y se emplea otra vez en los versículos 8 y 11. Otra palabra diferente —el nombre de *Jehová*— se emplea en los versículos 3, 5 y 12. El que Isaías vio es el Maestro o Dueño absoluto de todos los hombres, destacándose su majestad y su gloria, como ocurre frecuentemente en la Biblia, con un mínimo de palabras descriptivas, aunque con un poder gráfico que nos hace ver y sentir.

Solamente aquí se menciona a los serafines por su nombre en toda la Biblia y la palabra significa literalmente «los que arden». Son, desde luego, seres angélicos de un orden muy elevado porque se encuentran alrededor del trono de Dios y están ocupados en la continua alabanza. Ayudan a expresar a nuestros débiles poderes de percepción la intensa santidad de Dios. Sin duda, encontramos aquí una indicación de la Trinidad, esa doctrina misteriosa, pero cierta, que solo se descubre de modo oscuro en el Antiguo Testamento y brilla con mayor intensidad en el Nuevo. ¿Por qué daban voces los serafines tres veces, y no dos veces o cuatro veces, o muchas veces? Porque hay tres y solamente tres Personas en la Deidad, cada una de las cuales es el Santo (cp. Jn. 17:11 y Lc. 1:35). Toda la profecía de Isaías muestra el efecto de esta visión de Dios. Él no pudo olvidar que Dios es Santo, y emplea 24 veces en su libro el título de «el Santo de Israel» .

## CONFESIÓN Y LIMPIEZA (6:5-7)

La visión de Dios da al hombre una percepción más clara de lo que el hombre mismo es, y siempre pasa así. El patriarca Job, a quien Dios llamara «varón perfecto y recto» (Job 1:8, 2:3), cuando vio a Dios se dio cuenta de su propia pequeñez e indignidad, exclamando:

> De oídas te había oído; mas ahora mis ojos te ven. Por tanto me aborrezco, y me arrepiento en polvo y ceniza (Job 42:5-6).

Daniel, «varón muy amado» (Dn. 10:11) se vio confundido y enmudecido (10:15-17) por la visión de la gloria de Dios, y Juan «el discípulo a quien amaba Jesús» (Jn. 21:20), cuando vio al Señor Jesús en gloria en la isla de Patmos, cayó «como muerto a sus pies» (Ap. 1:17).

Isaías no fue ninguna excepción. «¡Ay de mi! que soy muerto», exclamó (6:5).

> Reina el Señor Jehová, en su trono alto, ensalzado.
> Y como atavío le acompaña la luz y su majestad;

Brilla su gloria con rayos brillantes
Que mortal alguno contemplara antes.

¿Condesciende tal Rey soberano a ser
Mi Padre y mi Amigo y dejar su nombre ver?
Su nombre y su Palabra son mi amor
¡Con todas mis fuerzas yo alabo al Señor!
—Isaac Watts

No llevó Dios a Isaías para que contemplara tal escena, al objeto de hacerle desesperanzar, ya que la confesión es la puerta de entrada a la limpieza. Cuando el profeta se da cuenta de aquella necesidad, Dios sale a su encuentro para solucionarla. Tantísima gente queda corta y no llega a alcanzar el punto en que se manifieste que hay algo malo en la persona. Por esa razón, nunca confiesan que tienen necesidad de un Salvador y ese concepto de la justicia propia es lo que mantiene alejado el brazo sanador del Señor. La esperanza bendita es que Él no vino «a llamar a justos, sino a pecadores al arrepentimiento» (Mt. 9:13) y de igual modo nosotros, ya creyentes, actuamos como estériles, sin fruto, sin comunión con nuestro Señor, porque no confesamos nuestros pecados. Leemos en 1 Juan 1:9: «Si confesamos nuestros pecados, él es fiel y justo para perdonar nuestros pecados, y limpiarnos de toda maldad».

El fuego vivo del altar es aquí el instrumento de limpieza. El altar es el lugar del sacrificio. La verdad para nosotros, en la terminología del Nuevo Testamento, es que toda limpieza ha de basarse en la muerte del Señor Jesucristo.

## LA MISIÓN DEL PROFETA (6:8-13)

Aquí encontramos una secuencia natural, que no podía ser de otro modo. Ese «¡ay!» de confesión (6:5) va seguido del «he aquí» de la limpieza (6:7), y eso, a su vez, del «anda» de la misión (6:9) que Dios da al profeta. Dios no quiere ni va a usar instrumentos para su servicio que no estén limpios. Incluso en las condiciones favorables, en medio de aquellas circunstancias, Él espera la contestación del profeta, por así decirlo, a la pregunta divina: «¿A quién enviaré, y quién irá por nosotros?» (6:8).

Tal llamada se repite a lo largo de los siglos. Dios te llama a ti y a mí en el día de hoy, y nos dice: «¿A quién enviaré...?». Dios no da siempre el mismo encargo a todos. Podemos agradecer que nuestro encargo o comisión no sea justamente la de Isaías porque este no lo pasó muy bien, ni se encontró en un tiempo fácil. No pudo ver las grandes multitudes avanzando hacia el Señor y se le dijo, antes de empezar, que las multitudes no le prestarían atención y que el juicio se desencadenaría sobre su pueblo. Pero, gracias a Dios, hubo una décima parte (6:13) y siempre habrá algunos que creerán. Dios siempre tiene su remanente fiel, como los siete mil del tiempo de Elías (1 R. 19:18). Por eso Pablo se alegra (Ro. 11:5) y dice: «Así también aun en este tiempo ha quedado un remanente escogido por gracia».

# 5

# EMANUEL, EL HIJO DE LA VIRGEN

Es característico de la profecía predictiva el que a veces mezcle diferentes tiempos juntos en un mismo cuadro pictórico. El profeta ha de hablar, desde luego, de su propio tiempo, de forma que puedan entender sus contemporáneos; sin embargo, no viene confinado a su propio tiempo o incluso al inmediato futuro, sino que el Espíritu de Dios le lleva a lo largo de épocas y tiempos distantes. De modo especial, el Espíritu de Dios llama la atención de los oyentes del profeta a los tiempos del Mesías, el Redentor prometido.

Esta sección de Isaías, capítulos 7 al 12, constituye una excelente ilustración de este principio. Las profecías fueron dichas durante el reinado de Acaz (7:1), en un tiempo cuando Siria e Israel eran aliados contra Judá, y el rey Acaz, pusilánime y paganizado, esperaba momentáneamente ser destruido por aquellos dos poderes; además, el poder terrible mucho más poderoso de Asiria amenazaba en el horizonte. Por medio de su profeta, Dios promete la liberación frente a aquellos enemigos, pero muestra que la libertad final de su pueblo solo puede venir a través de uno que se llama Emanuel, y en estos capítulos se encuentran algunas de las profecías más conocidas sobre Cristo. Un bosquejo de la sección es este:

*Primera parte:* El juicio de Dios (1–39)

I. Profecías iniciales (1–6)

II. Profecías sobre Emanuel (7–12)
   A. El nacimiento de Emanuel (7:1-16)
      1. Ocasión de la profecía (7:1-9)
      2) La señal de la casa de David (7:10-16)
   B. La invasión asiria (7:17–8:22)
   C. El Reino davídico y el Rey (9:1-7)
   D. Dios extiende su mano para castigar (9:8–10:34)
   E. La vara del tronco de Isaí (11:1-16)
   F. El cántico de redención (12:1-6)

## EL NACIMIENTO DE EMANUEL (7:1-16)

Era una señal de degeneración del pueblo de Israel cuando una rama de ellos formaba alianza con una nación pagana contra el otro. Esta no era la primera vez que ocurría semejante cosa tan sórdida, pero podemos imaginarnos la consternación en la corte corrompida de Acaz cuando corrió la voz de que «Siria se [había] confederado con Efraín» (7:2). El término «Efraín» se emplea frecuentemente en los profetas para designar al reino del norte, debido a la función rectora que ejercía dicha tribu de Efraín en el reino.

En medio de aquel terror universal, el profeta de Dios prosigue impertérrito, al mandato de Dios, para enfrentarse con el rey, llevando consigo, también por indicación divina, a su hijo que tenía el simbólico nombre de Sear-jasub («un remanente volverá»), según vemos en 7:3. Entre la confusión humana, siempre hay la seguridad y estabilidad divinas:

> Por tanto, Jehová el Señor dice así: No subsistirá, ni será (7:7).

Luego, para reforzar el claro alegato de la liberación, Dios invita al rey a que demande una señal, y Acaz, cuyo carácter resulta bien conocido en 2 Reyes 16:2-4, con una pretensión de piedad, protesta beatíficamente que él no tentará al Señor. Pero el relato de la historia nos dice que Acaz, lejos de depender de Dios, estaba todavía buscando la ayuda de Asiria para derrotar a sus más cercanos enemigos. ¡Aquello parecía el envío de un ratón al gato para que este le ayudara frente a dos ratas!

Pasajes como este son la prueba de si uno acepta, o no, realmente, la Biblia como Palabra de Dios. La interpretación de los liberales se revuelca en el pantano del concepto inmediato y no aceptan que Dios pueda mezclar la visión cercana y la lejana. Se empeñan en que toda la explicación del pasaje viene referida al día del profeta, despreciando lo que el Nuevo Testamento dice claramente en sentido contrario.

A pesar de las evasiones y negativas racionalistas, Isaías 7:14 es una profecía directa del nacimiento virginal del Señor Jesucristo. La cita de Mateo 1:23 zanja la cuestión. La objeción que se hace es que aquello no podía ser una señal para Acaz, ya que el cumplimiento no tuvo lugar sino mucho tiempo después de sus días, pero la declaración no se hizo solo para Acaz, como individuo, sino para la «casa de David», que representaba Acaz en su generación, aunque muy pobremente. No hay necesidad de ver en esta profecía el nacimiento de dos niños, uno en aquel tiempo, por el procedimiento natural, y otro nacido virginalmente. Los profundos estudios llevados a cabo, por Robert Dick Wilson y otros, han mostrado que la palabra hebrea ha sido fielmente traducida por «virgen», y, a decir verdad, la palabra griega que encontramos en Mateo 1:23, que constituye una cita de este versículo de Isaías, no puede traducirse de otra manera.

En la profecía hay, no obstante, contingencia. El pensamiento del versículo 16 parece ser que si el niño Emanuel hubiese nacido en el futuro inmediato, antes de que fuese lo suficiente mayor para distinguir entre lo que es bueno y lo que es malo, los dos reyes enemigos se habrían retirado. Hay, sin embargo, tanto un mensaje para aquel entonces, como para ahora. Acaz estaba seguro de que la invasión sirio-israelita no prevalecería; la casa de David tenía la mayor seguridad procedente del gran libertador Emanuel.

Este gran nombre profético del Señor Jesucristo («Dios con nosotros») presenta a un tiempo su divinidad y su humanidad, que es lo que Juan tenía en mente cuando dijo:

> Y aquel Verbo fue hecho carne, y habitó entre nosotros (y vimos su gloria, gloria como del unigénito del Padre), lleno de gracia y de verdad (Jn. 1:14).

La misma verdad se revela en un pasaje paralelo a este en el capítulo 9 de Isaías. En relación con estas profecías, deberíamos leer el pasaje de la Persona de Cristo que encontramos en Filipenses 2:5-11.

## LA INVASIÓN ASIRIA (7:17–8:22)

El profeta continúa mostrando que Asiria vendrá con una invasión más devastadora que la de Siria y la de Israel (7:20) y, como símbolo de este juicio venidero, Isaías recibe la instrucción de llamar a su segundo hijo Maher-salal-hasbaz, «el despojo se apresura, la presa se precipita» (8:1, 3). No importa lo grande que sea la confederación de enemigos puesto que siempre, a pesar de todo, Dios librará a Judá si miran a Él. Deben mantenerse delante de Dios con temor reverencial, en lugar de sentirse aterrorizados por el enemigo, por sus adversarios:

> A Jehová de los ejércitos, a él santificad; sea él vuestro temor, y él sea vuestro miedo (8:13).

Contra aquellos falsos maestros que vuelven al pueblo hacia el espiritismo idólatra y abominable, Isaías exhorta al pueblo a que busquen a Dios porque solo Él puede dar la libertad.

## EL REINO DAVÍDICO Y EL REY (9:1-7)

De nuevo aquí se da un tremendo salto por encima de los siglos. En realidad, se dan dos saltos. Ya nos dice el Nuevo Testamento que la profecía se cumple parcialmente en el ministerio del Señor Jesucristo en Galilea durante su primer advenimiento (cp. 9:1-2 con Mt. 4:13-16). No obstante, debemos reconocer que aquí, como en otros lugares, se ponen juntas las dos venidas de Cristo en una sola profecía. Realmente, desde el Antiguo Testamento solamente no podría verse claramente que hay *dos* venidas porque necesitamos la ampliación que nos viene dada por el Nuevo Testamento. Así, Pedro nos habla del desconcierto de los profetas del Antiguo Testamento en las siguientes palabras.

> Los profetas que profetizaron de la gracia destinada a vosotros, inquirieron y diligentemente indagaron acerca de esta salvación, escudriñando qué persona y qué tiempo indicaba el Espíritu de Cristo que estaba en ellos, el cual anunciaba de antemano los sufrimientos de Cristo, y las glorias que vendrían tras ellos (1 P. 1:10-11).

El nacimiento del niño profetizado en Isaías 9:6 tuvo lugar hace ya tanto tiempo, en la primera venida de Cristo, pero su reino universal todavía no se ha cumplido. Espera su regreso. Aquí, como hemos notado, hay las dos naturalezas de Cristo en una persona. «Un niño nos es nacido» se refiere a su perfecta humanidad. «Hijo nos es dado» se refiere a su absoluta deidad. Y, para que no haya duda alguna respecto de tal hecho, la profecía le concede títulos que ningún ser humano puede ostentar: «Admirable, Consejero, Dios Fuerte, Padre Eterno, Príncipe de Paz».

Hoy, cuando se alaba tanto a los hombres, incluso entre los cristianos, necesitamos alabarle a Él, que es el único digno de alabanza. Es fácil exagerar cuando estimamos a los hombres, pero nadie puede nunca exagerar cuando se trata de alabar a Jesús, el Cristo. Él es «Admirable» en su Persona y en su obra de redención singular. Ninguna otra persona puede ser el Dios-hombre, y ninguna persona pudo morir por nuestros pecados, ni siquiera ayudarle a Él a que lo hiciera:

> ... habiendo efectuado la purificación de nuestros pecados por medio de sí mismo, se sentó a la diestra de la Majestad en las alturas (He. 1:3).

En Jesucristo están «escondidos todos los tesoros de la sabiduría y del conocimiento» (Col. 2:3). No es extraño, pues, que su nombre sea también «Consejero». Su gran poder, manifestado en la creación y a nuestro servicio, se ve en su título «Dios Fuerte». Él es el «Padre Eterno», el único que cuida y protege a los suyos para siempre. Él es el «Príncipe de Paz», el que trae paz al individuo y el que, finalmente, traerá la paz al mundo. Su reino, con su paz resultante, continuará (9:7) y, para mostrar la certeza de todo ello, la Biblia declara: «El celo de Jehová de los ejércitos hará esto», afirmación que solo ocurre en Isaías 37:32 y 2 Reyes 19:31.

## DIOS EXTIENDE SU MANO PARA CASTIGAR (9:8–10:34)

La mano extendida de Dios, como se ve repetidamente en esta sección, no es en este caso un despliegue de misericordia, sino contrariamente, una indicación de juicio (9:12, 17, 21; 10:4, cp.

con 5:25). Los juicios previos de Dios no habían tenido el efecto deseado de hacer que el pueblo se arrepintiera (9:13) y, por lo tanto, Dios tenía que continuar su castigo.

Encontramos un hecho paradójico, al que se refieren en otros puntos de la Escritura. Dios prácticamente emplea a la nación Asiria para castigar a su propio pueblo (10:5), como dice el Salmo 76:10: «Ciertamente la ira del hombre te alabará».

Dios no va a permitir que Asiria escape a su juicio justo, lo que nos hace pensar en la insensatez del hombre que piensa que puede seguir su propio camino sin tener en cuenta la intervención divina. ¡Qué desgracia es pensar que podemos ser independientes de Dios! Asiria, aquella nación poderosa, está actuando como instrumento de Dios, como propósito divino en las manos del Altísimo; por ello no se le excusan sus actos a Asiria, ni se le absuelve de sus culpas:

> Pero acontecerá que después que el Señor haya acabado toda su obra en el monte de Sion y en Jerusalén, castigará el fruto de la soberbia del corazón del rey de Asiria, y la gloria de la altivez de sus ojos (10:12).

La soberanía de Dios y la responsabilidad del hombre actúan siempre en perfecto equilibrio en la Palabra de Dios. Incluso cuando no podemos reconciliar estos hechos paradójicos, los creemos porque la Biblia los enseña. Dios es soberano en su universo y, al mismo tiempo, el hombre tiene que dar cuenta exacta de todos sus actos a Dios.

La referencia a «aquel tiempo» (v. 20) parece trasladar la profecía más allá de la histórica invasión que se registra en los días del profeta, a otro tiempo, en que otra invasión tremenda del país tendrá lugar en el final. Sea cual sea la relación exacta que pueda tener, sin duda el capítulo 11 parece indicar a un tiempo lejano.

## LA VARA DEL TRONCO DE ISAÍ (11:1-16)

Se describe de modo exquisito al Señor Jesucristo en los mensajes *del* profeta evangélico, y aquí, en 11:1, se le presenta como la «vara del tronco», aunque la palabra hebrea no es aquí la misma que en 4:2. Se le contempla como al verdadero sucesor de David, el Rey Mesías, y la descripción de que el Espíritu del Señor reposa sobre Él (v. 2), nos recuerda lo que Juan dice en 3:34: «Dios no da el Espíritu por medida». Su reino se ha visto en el pasaje anterior (9:7) como reino de paz, pero aquí se le presenta, además, como reino de justicia, que será su característica. Los hombres siempre están buscando la paz, pero no están preparados para una paz que se base en la justicia. Ningún hombre común y corriente, por muy buenas que sean sus intenciones, podrá reinar en perfecta justicia. Solamente el Hijo de Dios, que es todo santidad, todo conocimiento y todo sabiduría, puede reinar con justicia (cp. 32:1).

Muchos están dispuestos a espiritualizar o alegorizar el Antiguo Testamento y sus profecías respecto del Reino, pero la profecía cumplida nos marca una pauta para poder interpretar la profecía que todavía no se ha cumplido. Si las profecías referentes a los sufrimientos de Cristo se cumplieron, en general, de una manera literal, ¿no debemos esperar que las profecías referentes a su gloria se cumplan de modo igual?

Ninguno puede negar que hay muchas figuras del lenguaje en los pasajes proféticos, ni puede Dios describir la gloria venidera de forma que nosotros podamos entenderla plenamente. Pero si la profecía del reino significa alguna cosa, significa que llegará un día cuando Cristo reine literalmente sobre esta tierra literal. Este reinado mesiánico se denomina a menudo el Milenio, por el pasaje de Apocalipsis 20 acerca de los mil años (el término, procedente del latín *Millenium* significa precisamente «mil años» en esa lengua).

El Nuevo Testamento nos dice que, más adelante, la creación material será liberada de la esclavitud a que fue sometida por causa del pecado del hombre (Ro. 8:19-22), y el siguiente pasaje de Isaías nos muestra algo de la gloria que se aproxima en aquel día:

> No harán mal ni dañarán en todo mi santo monte; porque la tierra será llena del conocimiento de Jehová, como las aguas cubren el mar (11:9).

El camino que hay preparado para el resto del pueblo de Dios encuentra un eco en los capítulos posteriores de Isaías (35:8; 40:3). Esto es una indicación del hecho que deben tener en cuenta los estudiantes del libro de Isaías, esto es, que el profeta repite el uso de temas o motivos, a que ya nos referimos en lugares anteriores de nuestro estudio.

## EL CÁNTICO DE REDENCIÓN (12:1-6)

Este hermoso canto, con el que acaba esta sección, expresa la alabanza y la acción de gracias del remanente piadoso de Israel en el día venidero de salvación, en «aquel día» (v. 1). Se divide en dos partes (vv. 1-2 y vv. 3-6). La primera parte contempla el pasado juicio de Dios y luego descansa en su consuelo (ver 40:1). Confiesa a Dios como «fortaleza», «canción», y «salvación».

La segunda parte es un puro himno de alabanza, celebrando al Santo de Israel en medio de su pueblo en Sion.

6

# PROFECÍAS SOBRE LAS NACIONES

Como ya se ha dicho antes, hay ciertas partes del libro de Isaías que tiene mayor repercusión sobre nuestras vidas que otras. No tenemos la intención en este estudio de dar una exposición completa del libro y, por lo tanto, podemos pasar, casi ligeramente, sobre las secciones contenidas en los capítulos 13 al 23, lo que no quiere decir que estos capítulos no sean importantes. Simplemente afirmamos que el propósito y deseo de cualquiera que haga uso de este estudio será el de conseguir un cuadro general de Isaías y, especialmente, el de ver las enseñanzas que hay en el libro concernientes a Cristo.

Esta sección contiene mensajes para las diversas naciones gentiles y a cada uno de los mensajes se les llama «profecía» (o «carga») que indican ya su naturaleza. Es un mensaje de la mayor importancia, algo duro, en el sentido de que produce pena o dolor. Son profecías de juicio y los distintos mensajes podemos clasificarlos como sigue:

*Primera parte:* El juicio de Dios (1–39)

- I. Profecías iniciales (1–6)
- II. Profecías sobre Emanuel (7–12)
- III. Profecías sobre las naciones (13–23)
  - A. La profecía sobre Babilonia (13:1–14:27)

B. La profecía sobre Filistea (14:28-32)
C. La profecía sobre Moab (15:1–16:14)
D. La profecía sobre Damasco (17:1-14)
E. La profecía sobre Egipto (18:1–20:6)
F. La profecía sobre el desierto (21:1-10)
G. La profecía sobre Duma (21:11-12)
H. La profecía sobre Arabia (21:13-17)
I. La profecía sobre el valle de la visión (22:1-25)
J. La profecía sobre Tiro (23:1-18)

Podemos comprobar fácilmente que estas profecías no son igual de largas y que algunas de ellas son difíciles de identificar, incluso con respecto a la nación a la cual se dirigen. Todos no estarán de acuerdo en que el capítulo 18 hay que incluirlo en la profecía de Egipto.

Solo el estudiante veterano de la profecía podrá unir estas profecías con pasajes similares de otros profetas, especialmente de Jeremías y de Ezequiel, pero no es la intención de este estudio el que resulte *pesado*. Hay, sin embargo, principios generales que podemos aprender, incluso con el más rápido contacto con capítulos como estos. Uno de tales principios es la absoluta justicia de Dios, el hecho de que Él va a pedir cuentas a cada nación por lo que haya hecho, y otra preciosa verdad que podemos percibir de tal estudio es el lugar que ocupa la profecía como afirmación de la Palabra de Dios. El hecho de que estas naciones de los tiempos antiguos tengan que enfrentarse a sus destinos individuales, según se profetiza en la Biblia, muestra que esta es la verdadera Palabra de Dios.

Concuerda bien el hecho de que la profecía contra Babilonia sea la primera en la lista de Isaías porque Babilonia constituía el punto de reunión de la rebelión contra Dios en aquel tiempo, justamente posterior al diluvio (Gn. 11). Fue, al parecer, el lugar donde se originó la idolatría y resulta ser una representación conveniente, a lo largo de todo el Antiguo Testamento, del sistema mundial pagano de idolatría, en oposición a Dios. (Este simbolismo se traslada al Nuevo Testamento en el libro del Apocalipsis). Además, la profecía de Isaías se refiere en gran escala a la esperada cautividad babilónica de Judá, siendo, por tanto, más apropiado que el pueblo de Dios conozca de antemano que su gran enemigo conocerá una derrota final. Hemos de ver mucho más respecto de la destrucción de Babilonia y de sus ídolos en la segunda parte de Isaías.

En medio de los pronunciamientos de Dios, con respecto al juicio de Babilonia, se encuentra la mención de la misericordia para su pueblo, para el pueblo de Dios (14:1).

También contiene la profecía contra Babilonia un misterioso pasaje referente al ser que se llama «Lucero» (14:12) y hemos de admitir que esta es una inferencia, pero la profecía parece con certeza ir más allá de cualquier gobernante terrenal, por muy poderoso que sea. Tradicionalmente, se ha aceptado el término de *Lucifer* (Lucero) como referente al mismo Satanás, que es el «príncipe de este mundo» (Jn. 12:31; 14:30; 16:11) y el «dios de este siglo» (2 Co. 4:4). Esa palabra traducida por Lucero («portador de luz») es literalmente una palabra que significa «estrella del día» y hemos de considerarle como la falsa estrella del día, en contraste con el Señor Jesucristo, que es el verdadero «lucero de la mañana», como vemos en 2 Pedro 1:19.

Debemos comparar este pasaje con Ezequiel 28:12-19, que parece ser una referencia críptica similar a Satanás, y Ezequiel contempla la carrera de Satanás desde el principio hasta el fin. En cambio, Isaías ve su carrera desde su final hasta su comienzo. Muchos estudiantes de la Biblia consideran a Isaías 14:12-17 como el pasaje central de la Biblia sobre el origen del pecado, y la caída del cielo, que se menciona en Isaías 14:12, es una profecía. El pecado o la caída moral que se describe en el pasaje pertenece al pasado remoto, sin fecha, pero la expulsión de Satanás del cielo no tendrá lugar hasta el final del tiempo, en medio del período del que frecuentemente se denomina «la setenta semana» de Daniel (Dn. 9; Ap. 12:9). Hemos de tener cuidado en retener la enseñanza de la Biblia y evitar equivocados conceptos que encontramos hoy, popularizados en libros como *El paraíso perdido*, de Milton, u otros parecidos, o semejantes obras literarias.

Algunas de las profecías que se dan en esta sección fueron cumplidas, al menos parcialmente, durante las invasiones asirias de aquel tiempo, pero no tiene que haber duda alguna de que hay también, entremezcladas, visiones proféticas, que no se refieren a la escena inmediata, sino a la sección siguiente que se define claramente como «aquel día» y que es, como ya hemos dicho, una referencia a los tiempos mesiánicos.

7

# POR MEDIO DE LOS JUICIOS AL REINO

Ya se ha mencionado anteriormente que Isaías repite algunos temas. En los capítulos 24 al 27 vemos de nuevo la secuencia con que venimos encontrándonos en este maravilloso libro. Parece como si Dios quisiera convencer a su pueblo por la mera fuerza de la repetición y, en realidad, esto constituye el orden de la vida, y se puede decir que no es cosa peculiar o exclusiva de Isaías. En realidad, primero viene el sufrimiento y luego la gloria, exactamente como ocurrió con nuestro Señor Jesucristo:

> … escudriñando qué persona y qué tiempo indicaba el Espíritu de Cristo que estaba en ellos, el cual anunciaba de antemano los sufrimientos de Cristo, y las glorias que vendrían tras ellos (1 P. 1:11)

Y lo mismo ocurre con los creyentes, según leemos:

> … si es que padecemos juntamente con él, para que juntamente con Él seamos glorificados (Ro. 8:17).

> Pero el Dios de toda gracia, que nos llamó a su gloria eterna en Jesucristo, después que hayáis padecido un poco de tiempo,

él mismo os perfeccione, afirme, fortalezca y establezca (1 P. 5:10).

Y lo mismo ocurre con la nación de Israel.
La sección puede encajar en el bosquejo principal de esta forma:

*Primera parte:* El juicio de Dios (1–39)

I. Profecías iniciales (1–6)
II. Profecías sobre Emanuel (7–12)
III. Profecías sobre las naciones (13–23)
IV. Juicios que conducen al establecimiento del reino (24–27)
    A. Tribulaciones que abren paso al reinado de Jehová de los ejércitos (24)
    B. Alabanza a Dios por sus obras maravillosas (25)
    C. Cántico de salvación (26:1-19)
    D. Indignación de Dios y reunión de Israel (26:20–27:13)

## TRIBULACIONES QUE ABREN PASO AL REINADO DE JEHOVÁ DE LOS EJÉRCITOS (24:1-23)

Al principio del capítulo 24 se ve claramente cómo se vuelve la profecía, de las acusaciones sobre las naciones gentiles, al mismo pueblo de Dios. Los juicios se acercan, y las perturbaciones y calamidades tales como la desolación de la tierra (v. 3). Estos juicios son retributivos por los pecados del pueblo (v. 5) e incluyen la captura y desolación de la ciudad de Jerusalén (v. 12). Incluso en medio de las terribles desolaciones y aflicciones, habrá aquellos, no obstante, que glorificarán al Señor «en los valles» (v. 15) porque siempre queda un remanente.

Parece evidente que esta profecía se dirige hacia adelante, a la cautividad babilónica, y, sin embargo, tal cautividad no agota la importancia de la profecía porque el profeta mira hacia el futuro, a «aquel día» (v. 21). El fin del capítulo lo prueba por su mención del reinado de Jehová de los ejércitos en el monte de Sion y en Jerusalén (v. 23).

## ALABANZA A DIOS POR SUS OBRAS MARAVILLOSAS (25:1-12)

La contemplación de las obras de Dios provoca la exclamación de alabanza del versículo primero:

> Jehová, tú eres mi Dios; te exaltaré, alabaré tu nombre, porque has hecho maravillas; tus consejos antiguos son verdad y firmeza (25:1).

En este capítulo se encuentra un ejemplo de la enseñanza del Antiguo Testamento que se traslada y se amplía en el Nuevo Testamento porque el versículo 8 viene referido, sin duda, por Pablo en 1 Corintios 15:54 y la segunda cláusula se encuentra en Apocalipsis 7:17 y 21:4.

En aquel día, el pueblo de Dios estará contento de haberle esperado en contraste notable con la impaciencia de este mundo inquieto. La espera paciente es lo que apunta hoy, aunque difícil, pero sublime, al pueblo de Dios. No será siempre así. El día de la espera, aunque parezca interminable a veces, tocará a su fin y el día de gozo con el Señor, completada la salvación, será eterno,

## CÁNTICO DE SALVACIÓN (26:1-19)

Aquí hay un cántico que no puede cantarse ahora en plenitud de significado porque será cantando «en aquel día» (v. 1). Felizmente, podemos aplicárnoslo hoy, sin embargo, porque el creyente en cualquier período de la historia puede encontrar en Dios la perfecta paz que se describe en el cantar (v. 3) ¡Cuántos cánticos e himnos se han basado en este pasaje!

> Tu guardarás en completa paz a aquel cuyo pensamiento en ti persevera; porque en ti ha confiado (26:3).

El más conocido de todos, el inmortal «Roca de la eternidad», de Toplady, cuyo título está tomado de la traducción literal del texto hebreo del versículo 4:

> Porque en JAH JEHOVA está la roca de la eternidad.

## INDIGNACIÓN DE DIOS Y REUNIÓN DE ISRAEL (26:20–27:13)

La indignación aquí se refiere al Día de Jehová, mencionado tantas veces en muchos lugares de los profetas. De semejante tribulación será protegido el remanente de Israel (v. 20; cp. Ap. 12). Entonces tendrá lugar tal reunión de Israel como jamás se haya conocido antes. Esta es, sin duda, la reunión a que se refiere el Señor Jesucristo en Mateo 24:31 cuando dice:

> Y enviará sus ángeles con gran voz de trompeta, y juntarán a sus escogidos, de los cuatro vientos, desde un extremo del cielo hasta el otro.

# 8

# LAS EXCLAMACIONES «¡AY!»

Encontramos varios pasajes notables en la Palabra de Dios donde se pronuncian enfática y solemnemente ¡ay de…!, y uno de ellos es la reprobación de los fariseos por parte del Señor Jesucristo cuando les dice: «¡Ay de vosotros, escribas y fariseos, hipócritas!» (Mt. 23). Otro pasaje es el de aquellas tres terribles exclamaciones, al final de los tiempos, cuando suenen las últimas tres trompetas (Ap. 8:13). Otro es la serie de ellos que consideramos ahora en el pasaje.

Al objeto de tener a la vista todo el cuadro del libro, es bueno que revisemos repetidamente el bosquejo básico. La sección que presentamos tiene la siguiente relación:

*Primera parte:* El juicio de Dios (1–39)

- I. Profecías iniciales (1–6)
- II. Profecías sobre Emanuel (7–12)
- III. Profecías sobre las naciones (13–23)
- IV. Por medio de los juicios al Reino (24–27)
- V. Las exclamaciones «¡ay!» (28–33)
  - A. ¡Ay de Efraín! (28:1-13)
  - B. Advertencia a los gobernantes de Judá (28:14-29)
  - C. ¡Ay de Ariel! (29)
  - D. ¡Ay de la alianza egipcia! (30–31)
  - E. El Rey justo que libertará (32–33)

## ¡AY DE EFRAÍN! (28:1-13)

El reino del norte, Israel, tiene aquí el nombre de Efraín por el papel que aquella tribu asumió siempre de preponderancia, y la referencia a «los ebrios de Efraín» es similar a las acusaciones vertidas contra Israel por Amós, capítulo 6, y Oseas, capítulo 4. Aquellos dos profetas ministraron directamente al reino del norte, Amós precisamente un poco antes que Oseas, durante el tiempo de Isaías.

El ¡ay! contra Efraín no tardó mucho en acontecer. Incluso cuando el profeta estaba hablando ya la flor de la hermosura de Efraín caducaba (v. 1) porque Asiria estaba a punto de pisotear su reino.

La Palabra de Dios resalta, frecuentemente, el mal de la borrachera y no la considera como una debilidad que estimula nuestra piedad, sino como un pecado que hay que condenar. Si bien debemos tener compasión por el borracho, no hemos de llegar en nuestra compasión hasta el extremo de ser sensibleros, ni de perder la clara perspectiva que nos ofrece la Biblia.

Quizás lo más terrible que se da en la borrachera que se menciona en este pasaje es que afectaba a personas que estaban en lugar de responsabilidad y de dirección (v. 7).

## ADVERTENCIA A LOS GOBERNANTES DE JUDÁ (28:14-29)

No hay nada más detestable que la incredulidad burlona hacia Dios. Los guías de Judá, que deberían haber aprendido del terrible ejemplo de Israel, ocultamente confiaban en sus impíos tratados de alianza, sin tener en cuenta las promesas y las advertencias de Dios.

En contraste con su refugio de mentiras (v. 15), Dios afirma que va a levantar un fundamento seguro (v. 16). ¿Quién puede negar aquí que hay un vislumbre del Mesías, denominado «piedra del ángulo», o piedra de fundamento en otros pasajes de las Escrituras? Esta es la gloria de Isaías, que constantemente lleva nuestros pensamientos hacia Aquel que es nuestro Emanuel, nuestro Príncipe de Paz, nuestra Roca de los siglos, nuestra principal Piedra del ángulo. Habrá quien diga que es una fantasía o una arbitrariedad el encontrar aquí una referencia a Cristo, pero no es así porque el Espíritu Santo sabe todo lo concerniente a nuestro Salvador y no tratamos con escritos humanos, sino con realidades de la Palabra de Dios. En 1 Pedro 2:6 vemos que se menciona este versículo como referente a Cristo. ¿Qué hemos de aceptar, la incredulidad racionalista o la seguridad sin titubeos del origen divino y unidad de la Santa Escritura?

## ¡AY DE ARIEL! (29:1-24)

Ahora se nombra a Jerusalén (29:1) con el nombre poético de Ariel («el león de Dios») y aquí de nuevo parece encontrarse una mezcla de acontecimientos muy a mano y pertenecientes al futuro lejano. Cercana estaba la invasión de los asirios, dirigidos por Senaquerib, y muy lejana la invasión de la tierra de Israel al final de los tiempos, antes del establecimiento del reino mesiánico. El juicio se debe a la hipocresía por parte de aquellos que, de modo ostensible, constituían el pueblo de Dios. Estaban apegadas a una religión formalista que no les llegaba al corazón (v. 13) y, como siempre en la profecía, el juicio no es total. Hay un destello de restauración futura y de gloria venidera (vv. 17-24).

## ¡AY DE LA ALIANZA EGIPCIA! (30:1–31:9)

Una de las lecciones más duras que tenía que aprender el pueblo de Dios era su total dependencia de Dios. Era una tendencia natural, cuando el poderoso Imperio asirio amenazaba a Judá, recurrir al único poder mundial que parecía capaz de resistir a Asiria, y ese poder era Egipto.

Dios reprende a su pueblo por falta de confianza en Él, y les dice que Egipto no les puede ser de ayuda. El pueblo de Judá eran hijos apartados (v. 1), título reminiscente del capítulo primero. Con cuanta frecuencia se ha repetido esa escena en la historia del pueblo de Dios. El conflicto entre la razón y la fe a menudo es amargo, principalmente porque la razón es la de la conveniencia y no puede ser, en verdad, razonable, por cuanto dejan fuera al factor principal e importante que es Dios. El viejo dicho: «Uno con Dios es mayoría» sigue siendo verdad, pero con harta frecuencia se olvida. Los falsos profetas que aconsejaron una alianza con Egipto fueron escuchados porque pedían una acción en aquella terrible emergencia. La impaciencia del corazón humano no se veía satisfecha por la advertencia hecha por el verdadero profeta de Dios:

> Porque así dijo Jehová el Señor, el Santo de Israel: En descanso y en reposo seréis salvos; en quietud y en confianza será vuestra fortaleza. Y no quisisteis (30:15).

Esto no significa un mero pasivismo de parte del pueblo, sino un regreso a *Dios*; se trata de un descanso en *Dios*, no una confianza en la quietud, sino una confianza en la Persona divina, que es el único que puede darnos esa quietud que necesita nuestra alma inquieta. Esto constituye un contraste de la corriente filosofía mundana que dice: «No te preocupes; ten fe y todo saldrá bien», pero, preguntamos, «Fe ¿en qué?» o, más exactamente, «¿fe en quién?». Dios es la contestación a todos los problemas.

«Y no quisisteis». Siglos más tarde, el Señor Jesucristo, en su lamento sobre Jerusalén, pronunció las mismísimas palabras (Mt. 23:37). Los hombres están prestos a criticar a Dios por sus penalidades, cuando ellos mismos son la causa de esas penalidades. «No quisisteis» es la rebelión contra Dios, la abominación impensable, pero que, con tanta frecuencia, se lleva a cabo. ¡Es la locura irrazonable!

Pero la rebelión del hombre, por muy reprensible que sea, no impide nunca a Dios ejercer su misericordia y su gracia. Dios promete a aquellas gentes, sin merecerlo, por supuesto, que va a librarles de Asiria (v. 31) y, cuando llega la liberación, se presenta de tal forma que cualquiera habrá de ver la mano de Dios en ejecución.

## EL REY JUSTO QUE LIBERTARÁ (32:1–33:24)

Aquí está la contestación para el mundo inquieto: «He aquí que para justicia reinará un rey» (32:1). Los reyes han reinado con ciertas variantes o grados de habilidad y de éxito, pero nunca ha habido un rey como este. Sin duda, Ezequías era relativamente justo, en comparación con su padre, Acaz, pero, no obstante, contemplamos en este pasaje el cuadro de los tiempos mesiánicos. Vemos al que, unas veces está a la vista y otras escondido, a nuestro Señor Jesucristo mismo. Él es perfectamente justo y puede reinar en justicia. Muchos que quisieran tener la paz mundial no querrán tenerla de esta manera. «El efecto de la justicia será paz» (32:17). Cuando reina un rey con justicia, los injustos pueden muy bien echarse a temblar de miedo.

Hay una distinción entre la nación en su totalidad y el remanente fiel, y, precisamente, aquí se está hablando de ese remanente fiel:

> Oh Jehová, ten misericordia de nosotros, a ti hemos esperado;
> tú, brazo de ellos en la mañana, sé también nuestra salvación en tiempo de la tribulación (33:2).

Si bien el libro de Isaías está repleto de figuras del lenguaje y de un hablar poético, en general, no debemos suponer que estas figuras y este lenguaje representan un mundo visionario irreal por cuanto están señalando a una situación real, y algún día esas palabras, como las que aquí vemos, serán literalmente verdad:

> Será exaltado Jehová, el cual mora en las alturas; llenó a Sion de juicio y de justicia (33:5).

Una y otra vez se repite la secuencia: juicio y luego consuelo, juicio y después el consuelo. Isaías es como una gloriosa sinfonía en la que estos dos temas en contraste se entrelazan en nuevas e interesantes armonías, de tal suerte que, si bien hay repetición, no hay monotonía.

9

# LA INDIGNACIÓN DE JEHOVÁ Y EL DESIERTO FLORECIENTE

Después de la sección de los «ayes», el profeta se dirige a todas las naciones para que oigan otra descripción de los propósitos de Dios:

> Acercaos, naciones, juntaos para oír; y vosotros, pueblos escuchad. Oiga la tierra y cuanto hay en ella, el mundo y todo lo que produce. Porque Jehová está airado contra todas las naciones e indignado contra todo el ejército de ellas; las destruirá y las entregará al matadero (34:1-2).

Uno vacila en enfatizar demasiado este punto, pero se encuentra en el libro mismo, donde vemos, primeramente, la indignación y luego la bendición. Nunca se varía el orden.

## LA INDIGNACIÓN DE JEHOVÁ (34:1-17)

Algunas personas se niegan a admitir que Dios tenga ira, pero la Biblia, a pesar de ello, habla con frecuencia de la ira de Dios, mostrando que ha de haber un tiempo cuando se honrará su justicia. Su indignación no es la vengativa, egoísta rabia de los seres humanos pecadores, sino, más bien, la ira santa de una majestad ultrajada. Dios no sería Dios si permitiese que el mal avanzara por siempre, sin ser castigado ni controlado. Como dice el profeta, esta indignación de Jehová se dirige contra las naciones del universo, lo que, indudablemente, hace referencia a aquel tiempo lejano cuando el Señor Jesucristo vuelva y gobierne sobre la tierra.

Este «día de venganza de Jehová» (v. 8) se describe gráficamente en otros pasajes de la Biblia, tanto en el Antiguo Testamento como en el Nuevo, y, notablemente, en el libro del Apocalipsis. El corazón verdaderamente creyente puede descansar en el conocimiento de que las cosas van a ser diferentes en el buen tiempo de Dios: las cosas malas serán enderezadas, lo malo será castigado y lo bueno recompensado. Era importante para el pueblo de Israel saber esto cuando se enfrentaban con un futuro inmediato, pálido por el pensamiento del juicio sobre las naciones a causa de sus pecados. Al contemplar la terrible iniquidad de las naciones paganas de su alrededor, algunas de las que serían instrumentos de juicio contra Israel, no tenían por qué poner en duda el acto de Dios ni tampoco contemplarle con incredulidad. Aquellas naciones también recibirían el justo pago de sus malas acciones.

Frente a un pasaje tal como este, resulta extraño, desde luego, que algunas personas hablen del provincialismo del Antiguo Testamento, como si el pueblo de Israel pensara que Jehová era solamente un Dios de tribu o nacional que no se preocupaba por los otros pueblos y naciones. Una de las notas dominantes de Isaías es su *universalidad*. Todas las naciones están siempre a la vista, y la salvación que se ofrece es de tipo universal, de la misma manera que lo es el juicio venidero, universal, por cuanto la indignación de Jehová es «contra *todas* las naciones» (34:2).

## EL DESIERTO FLORECIENTE (35:1-10)

El capítulo 35 se presenta como una descripción maravillosa y poética de las bendiciones que acompañarán al reinado del Mesías. Los milagros de curaciones que el Señor Jesucristo realizó durante su ministerio terrenal fueron credenciales de su mesianismo y fueron la anticipación de las condiciones maravillosas que se verán en el Milenio.

Aquí se describe la naturaleza como reflejo de las glorias que han de venir para el pueblo de Dios. Y se nos dice en el Nuevo Testamento que «toda la creación gime a una, y a una está con dolores de parto hasta ahora» (Ro. 8:22). Este capítulo es una profecía del tiempo cuando el gemido no existirá, cuando la tierra material será «libertada de la esclavitud de corrupción, a la libertad gloriosa de los hijos de Dios» (Ro. 8:21).

Nos da este capítulo otra ilustración del uso constante que hace Isaías de temas que reaparecen, y aquí se menciona de modo prominente el camino principal:

> Y habrá allí calzada y camino, y será llamado Camino de Santidad; no pasará inmundo por él, sino que él mismo estará con ellos; el que anduviere en este camino, por torpe que sea, no se extraviará (35:8).

Este pensamiento de la «calzada y camino», inicialmente, es una de las muchas pruebas sobre la unidad del libro de Isaías (cp. 11:16 y 40:3).

Al final del capítulo, los «redimidos de Jehová» se ven volviendo a Sion con alegría indescriptible, y la misma idea se repite en 51:11. ¡Es maravilloso saber que Aquel que proveyó la redención para Israel es el mismo que nos redime a nosotros también!

Porque el Hijo del Hombre no vino para ser servido, sino para servir, y para dar su vida en rescate por muchos (Mr. 10:45).

Porque hay un solo Dios, y un solo mediador entre Dios y los hombres, Jesucristo hombre, el cual se dio a sí mismo en rescate por todos, de lo cual se dio testimonio a su debido tiempo (1 Ti. 2:5-6).

10

# INTERLUDIO HISTÓRICO

Deben compararse los capítulos 36 al 39 de Isaías con 2 Reyes 18–20 y 2 Crónicas 29–32. Observemos que 2 Reyes 19 es idéntico a Isaías 37.

Estos capítulos, además de mostrar algo del fondo histórico de las profecías de Isaías, forman puente, por decirlo así, entre el período asirio y el período babilónico. En tiempos de Isaías, el peor enemigo era Asiria y eso se refleja en las profecías pronunciadas en tiempos de Acab, lo mismo que en la invasión práctica de Judá por Senaquerib que se describe en esta sección. Sin embargo, el mensaje de Isaías tenía más que ver con la cautividad *babilónica* que se cernía sobre el pueblo. Estos capítulos históricos muestran cómo Babilonia entró en contacto con Judá primeramente, y se anticipan al peligro venidero.

## DIOS LES LIBERA DE SENAQUERIB (36:1–37:38)

El primer versículo del capítulo 36 contiene una de las pocas fechas que menciona el libro. Por entonces, Asiria se había anexionado el reino del norte, Israel, y, desde luego, consideró el pequeño reino de Judá como de poca importancia, como una presa fácil. Cuando nos damos cuenta de que la ciudad de Jerusalén estaba a solo unos quince kilómetros de la frontera entre Israel y Judá, podemos entender lo sencillo que le resultaría a Asiria desplegar sus fuerzas contra ella. Imaginemos la alarma de la ciudad cuando llegó la noticia de la caída de una ciudad tras otra bajo las fuerzas invasoras de Asiria.

Entonces se presenta una delegación del rey de Asiria, al mando del desdeñoso Rabsaces. Una sola cosa de lo que dijo el asirio era verdad: que no podían depender de Egipto para su seguridad (v. 6). Burlándose de los emisarios de Judá y pidiendo que viniera a ayudarles su Dios, el general asirio lanza un insultante mensaje al pueblo de Jerusalén en el muro.

Lo que condenó el propósito de los asirios al fracaso fue su comparación blasfema de Dios con los dioses de las naciones conquistadas (vv. 18-20).

Ezequías era un hombre de oración y mandó inmediatamente recado al profeta Isaías, el cual, lejos de preocuparse, envió sencillamente una contestación al piadoso rey, como sigue:

> Así ha dicho Jehová: No temas por las palabras que has oído,
> con las cuales me han blasfemado los siervos del rey de Asiria.
> He aquí que yo pondré en él un espíritu, y oirá un rumor,
> y volverá a su tierra; y haré que en su tierra perezca a espada
> (37:6-7).

El regreso de Rabsaces a su amo fue ocasión de otro mensaje amenazador y blasfemo, esta vez en forma de carta para el rey Ezequías. El rey sabía lo que tenía que hacer en aquella situación y «la extendió delante de Jehová» (v. 14). La oración de Ezequías es una elocuente contestación a quienes alegan que el Antiguo Testamento enseña el politeísmo o una religión henoteísta. A veces se dice, en círculos destructivos de críticos de la Biblia, que los hebreos en tiempos del Antiguo Testamento pensaron que Jehová era uno de tantos dioses aunque fuera su dios particular. Tal teoría es una desfiguración del Antiguo Testamento porque Ezequías sabía bien que existían aquellos llamados dioses de las naciones paganas, que no eran nada, y lo proclamó tan claramente como lo hizo el apóstol Pablo en el Nuevo Testamento (cp. v. 19 con 1 Co. 8:4-6).

Sin duda, muchos en el tiempo de Ezequías dudaban o no entendían la profecía que Dios les dio por medio del profeta Isaías, en respuesta a la oración del rey. Ciertamente, desde un punto de vista humano, el ejército asirio parecía muy capaz de conquistar la ciudad de Jerusalén, pero Senaquerib y Rabsaces no conocían a Dios; le habían dejado fuera de sus cálculos, como hombres impíos que eran. Fue Dios quien salvó a la ciudad (v. 35). El capítulo 37 acaba con una declaración breve de la vasta destrucción llevada a cabo en el ejército asirio por el ángel de Jehová (v. 36) y la subsiguiente muerte de Senaquerib en Nínive por dos de sus propios hijos (v. 38). Los historiadores seculares tienen que admitir que el ejército asirio se retiró debido a alguna catástrofe, pero es más bien patético, aunque risible en cierto modo, el leer sus «explicaciones» poco convincentes. Un historiador muy conocido censura la retirada, diciendo que se debía a unos pantanos pestilentes e insanos en que acampaban aquellas fuerzas, pero ¡vaya pestilencia aquella que mató a 185.000 hombres en una noche!

## LA ENFERMEDAD DE EZEQUÍAS Y SUS CONSECUENCIAS (38:1–39:8)

El interludio histórico de Isaías se refiere, realmente, a dos acontecimientos principales durante el reinado de Ezequías. El primero, como hemos visto, fue la invasión asiria y su retirada; el segundo la grave enfermedad del rey y su recuperación tras la oración pronunciada. Isaías 38 contiene un salmo muy hermoso escrito por el rey Ezequías después de su milagrosa recuperación (vv. 9-20).

Es un testimonio sorprendente de la fe de este hombre notable. Ezequías reconoció que la salvación era mucho más importante que la recuperación física suya:

> He aquí, amargura grande me sobrevino en la paz, más a ti agradó librar mi vida del hoyo de corrupción; porque echaste tras tus espaldas todos mis pecados (38:17).

Incluso los hombres piadosos, sin embargo, pueden cometer errores, y Ezequías, a pesar de toda su fe y sentido de la oración, parece que dio rienda suelta a su orgullo porque en otro pasaje Dios nos dice que el incidente del enviado del rey de Babilonia fue permitido por parte de Dios para probar a Ezequías (2 Cr. 32:31), y de esa prueba no salió muy favorecido. Cada uno de nosotros puede aprender la lección de nuestra constante necesidad de confiar y depender de Dios. La victoria en una batalla no asegura automáticamente la victoria en la próxima. «Así que, el que piensa estar firme, mire que no caiga», dice Pablo en 1 Corintios 10:12.

Este acontecimiento muestra el fondo histórico de la posterior cautividad babilónica, que es un tema de tanta trascendencia en la profecía de Isaías, especialmente, en la segunda parte del libro que ahora comienza.

11

# EL CONSUELO DE DIOS

Ya se ha hecho mención en el capítulo segundo del tema general y de la distribución de la segunda parte de Isaías. Esta parte del libro contempla el tiempo de la cautividad babilónica y más allá aún, lo que fue anunciado por Isaías al rey Ezequías al final del capítulo 39. El tema general se expresa en el versículo primero del capítulo 40:

> Consolaos, consolaos, pueblo mío, dice vuestro Dios.

En esta sección, el profeta tiene que asumir un punto de vista ideal y ver la cautividad como ya pasada, aunque no había empezado y tendría lugar después de su propio tiempo. Como ya dijimos antes, esta parte del libro se divide en tres secciones de nueve capítulos cada una y vienen señaladas con la repetición de «no hay paz para los malos» (48:22; 57:21).

Recapitulando el bosquejo básico que ya dimos anteriormente, podemos ver:

*Primera parte:* El juicio de Dios (1–39)
*Segunda parte:* El consuelo de Dios (40–66)
  I. Liberación del pueblo de Dios (40–48)
  II. El Siervo sufriente como Redentor (49–57)
  III. La consumación gloriosa (58–66).

Cada una de estas secciones parecen estar dispuestas simétricamente y, en esta parte de Isaías, la actual división en capítulos parece seguir bastante de cerca las divisiones lógicas del mensaje del profeta. En los primeros nueve capítulos (40-48), el pensamiento se centra en la liberación de Babilonia que ha de ser llevada a cabo por Ciro, mencionado por su nombre en el mismo centro de la sección (44:28; 45:1). A lo largo de toda la sección se aprecia un contraste entre Israel y las naciones, y entre Jehová y los dioses falsos. Por encima y más allá de la liberación, de la nación del yugo babilónico, está el reconocimiento de una mayor liberación que se efectuará por el Mesías, el Señor Jesucristo.

## EL CONSUELO DE DIOS PARA EL ISRAEL LIBERTADO (40:1-31)

El principio del capítulo 40 da la nota clave para todo cuanto sigue en esta parte del libro porque lo que Dios propone para su pueblo, también pide que lo hagan los hombres: «Consolaos... pueblo mío».

Estos versículos iniciales se refieren a un tiempo venidero cuando habrá acabado el juicio, cuando Jerusalén haya pagado por su iniquidad. La base del consuelo se encuentra en el siguiente párrafo (vv. 3-5) y el consuelo es posible por la venida del Mesías, el heraldo del cual se introduce ahora con estas palabras:

> Voz que clama en el desierto: Preparad camino a Jehová; enderezad calzada... (v. 3).

El Nuevo Testamento muestra que esto es una referencia profética a Juan el Bautista, precursor de Cristo (Mt. 3:3; Mr. 1:3; Lc. 3:4-6; Jn. 1:23).

Como siempre pasa en los profetas del Antiguo Testamento,

las dos venidas de Jesucristo no se distinguen, sino que están mezcladas. Las profecías de los versículos 4 y 5 no se cumplieron plenamente cuando vino por primera vez, aunque sí, parcialmente, y cuando venga de nuevo entonces se completarán del todo (cp. Ap. 1:7 con Jn. 1:14; 2 P. 1:16-18; y 1 Jn. 1:1-2).

La garantía del consuelo que se promete es la Palabra de Dios en su duración eterna (vv. 6-8) y a estos versículos alude 1 Pedro 1:24-25. El evangelio descubre la fragilidad de los hombres, pero también la seguridad de la Palabra de Dios.

Se proclama el consuelo en el anuncio del mismo a quien anteriormente, en Isaías, se le daba el nombre de Emanuel (7:14). Aquí se hace una declaración sorprendente: «¡Ved aquí al Dios vuestro» y en estos hermosos versículos vemos tanto la fuerza como la ternura del Salvador. Su caracterización como pastor está en armonía con el uso de dicho título dado a Dios en muchos pasajes del Antiguo Testamento, y se anticipa a la aplicación del título a nuestro Señor Jesucristo mismo en Juan 10:11 (cp. también He. 13:20; 1 P. 5:4).

El capítulo 40 contiene una descripción del carácter y omnipotencia de Dios (vv. 12-31). El párrafo abunda en alusiones retóricas (cp. Job 38) que despiertan a uno al sentimiento del poder de Dios Todopoderoso. En el versículo 28 se ve a Dios como eterno, omnipotente, lleno de sabiduría infinita. El capítulo se acaba con la verdad animadora de que Dios es poderoso en todos los sentidos y que puede dar fuerza a quienes la necesitan.

## MÁS PRUEBAS DEL PODER Y DE LA DEIDAD DE DIOS (41:1-29)

En este capítulo (41) Dios lanza un reto a las naciones idólatras, y se ve el contraste que existe entre el versículo primero y el último del capítulo precedente. Quienes esperan en Jehová renovarán sus fuerzas, pero ¿cómo van a hacerlo los idólatras?

Debemos tener presente en todo momento que la profecía tiene que ver primeramente con la libertad de Israel del yugo de Babilonia. Todavía no se ha dado el nombre del libertador humano, pero ya aparece en el versículo 2 con estas palabras: «... despertó del oriente al justo». El poder de Ciro, rey de Persia, se dice que procedía del Dios que gobierna y rige todos los propósitos.

Luego se dirige Dios a la nación de Israel (v. 8) llamándole «siervo mío», expresión notable por cuanto se emplea con diferentes sentidos en los últimos capítulos, y muchos estudiantes de la Biblia, especialmente estudiantes judíos, no han descubierto estas diferencias. A veces el término *siervo* en Isaías se emplea para toda la nación de Israel, como aquí; otras veces se emplea para el grupo de piadosos entre el pueblo, llamado el remanente (p. ej., 43:10), y con mayor importancia se emplea para el propio Mesías.

Hay una indicación en este pasaje, como en tantos lugares de la Escritura, de que Dios gobierna por encima de todos, en la historia de la humanidad. Él es el Soberano y su «reino domina sobre todos» (Sal. 103:19).

En la última parte del capítulo, el reto que se entreveía al principio se destaca con más detalles y es un llamamiento a esos ídolos para que profeticen:

> Dadnos nuevas de lo que ha de ser después, para que sepamos que vosotros sois dioses... (v. 23).

La predicción del futuro es solo prerrogativa de Dios porque solo Él es quien todo lo sabe. Este hecho se destaca notablemente en Isaías, y, como ya se ha dicho, la profecía es el sello que Dios ha puesto en su Palabra para mostrar su veracidad. Por eso da autoridad a la Biblia.

12

# EL MESÍAS, SIERVO, E ISRAEL, SIERVO

## EL SIERVO QUE TRAE JUICIO (42:1-25)

El capítulo 42 es de forma clara un pasaje mesiánico, y mucho del pensamiento equivalente se desarrolla luego en los capítulos 49 y 53 referente al Siervo. En los primeros nueve versículos del capítulo vemos al Señor Jesucristo en su relación con los gentiles.

Esta caracterización de Cristo como Siervo de Jehová, que aparece, primeramente, en este profeta evangélico, se amplía en los Evangelios, especialmente en Marcos, que muestra, de esta manera, una íntima relación con Isaías y es reconocido así por la Iglesia, según vemos en el libro de los Hechos de los Apóstoles.

Este mismo pasaje se cita en Mateo 12:17-21, donde el ministerio del Señor Jesucristo se dice que es cumplimiento de la profecía. Hay que notar de nuevo, no obstante, que los dos advenimientos de Cristo van, como siempre, mezclados juntamente. Hay el ministerio de Cristo en su debilidad y el ministerio de Cristo en su potencia, el Cristo despreciado y rechazado, y el Cristo conquistador y juez.

En contraste con la opinión de la crítica destructiva que contempla a los antiguos israelitas como totalmente egoístas en su concepto de Dios, nosotros vemos la realidad aquí, esto es, el reconocimiento de que la salvación del Mesías se extenderá hasta los gentiles. Esta no es la primera vez que esta verdad se ha enunciado en Isaías (cp. cap. 9) ni tampoco la última.

El reto lanzado a los oídos se continúa por toda esta sección. Babilonia es el centro y lecho de la idolatría y debe ser destruida. Dios va a encargarse de que los ídolos no tengan la gloria que le pertenece a Él en toda justicia:

> Yo Jehová; este es mi nombre; y a otro no daré mi gloria, ni mi alabanza a esculturas (v. 8).

Con el llamamiento a cantar un nuevo cántico (v. 10) viene una declaración del poder de Dios que se manifiesta por medio de su Siervo, el Mesías. Este cántico es comparable al precioso himno de salvación del capítulo 12.

El capítulo termina con una reprensión a Israel por su infidelidad (vv. 18-25).

## EL PRIVILEGIO DE ISRAEL Y SU RESPONSABILIDAD COMO EL SIERVO (43:1-28)

Ahora se habla a la nación de Israel y Dios recuerda al pueblo que Él le ha elegido (vv. 1-10), lo que se reitera maravillosamente en la Escritura de modo constante por la gracia de Dios. Dios tiene una relación especial con esta nación, no solamente como Creador de ella, sino como Salvador y Redentor. El título, «El Santo de Israel», que se emplea en las dos partes del libro de Isaías, muestra esa relación especial.

Luego, Dios recuerda a su pueblo su intervención a favor de ellos en el pasado (vv. 11-17), pues de la misma manera que les libró en el paso del Mar Rojo con Moisés (v. 16), también les librará ahora. En realidad, la nueva liberación de Dios eclipsará de tal manera la antigua que no habrá necesidad de recordar las «cosas pasadas» (vv. 18-20).

La gracia de Dios se destaca con todo su brillo cuando se compara con el desagradecido Israel. Dios formó a Israel para Él mismo (v. 21) y deseaba su relación y comunión, pero Israel no escucha (v. 22) y, en vez de eso, Israel cansa a Dios con sus iniquidades (v. 24). El juicio debe venir por causa de los pecados de la nación, pero, no obstante, Dios es el único que perdona el pecado:

> Yo, yo soy el que borro tus rebeliones por amor de mí mismo, y no me acordaré de tus pecados (v. 25).

13

# CIRO, COMO EL UNGIDO DE DIOS

Hemos llegado ahora casi al centro de la primera sección de la segunda parte de Isaías, recordando que la segunda parte del libro se divide en tres secciones de nueve capítulos cada una y que hay una disposición simétrica, con el pensamiento central de cada sección apareciendo de modo prominente en medio de la sección. Esta sección la podemos bosquejar de la manera siguiente:

I. Libertad para Israel (40–48)
   A. El consuelo de Dios (40)
   B. Más pruebas del poder y de la deidad de Dios (41)
   C. El Siervo de Jehová que trae juicio (42)
   D. El privilegio de Israel y su responsabilidad como el siervo (43)
   E. El Dios poderoso y los impotentes ídolos (44)
   F. Los propósitos de Dios mediante Ciro, su ungido (45)
   G. Juicio contra los ídolos de Babilonia (46)
   H. Juicio contra el Imperio babilónico (47)
   I. Exhortaciones al impenitente e incrédulo (48)

## EL DIOS PODEROSO Y LOS IMPOTENTES ÍDOLOS (44:1-28)

Este capítulo (44) se inicia con promesas a Israel (vv. 1-5) las cuales no se basan en lo que Israel haya hecho o vaya a hacer, sino en lo que Dios ha hecho, en el propio amor y gracia de Dios. Dos veces habla Dios de Israel como su «escogido», empleando la segunda vez el nombre simbólico de *Jesurún* («justo», v. 2), que empleó en Deuteronomio 32:15 y 33:5, 26. Esta es la genialidad de la Palabra de Dios, que una parte alude a otras partes, de modo que la persona que está haciendo un estudio continuado de la Escritura siempre queda sorprendido y encantado con las nuevas conexiones, los nuevos paralelos, los nuevos destellos de la verdad, colocados en ella por el autor infinitamente sabio.

De nuevo, Dios hace mención de su omnisciencia como prueba de que puede cumplir sus promesas (vv. 6-8), aunque quizás sea difícil para muchos de nosotros hoy ver el sentido exacto de algunas de estas alusiones. Tenemos que darnos cuenta de que el pueblo de Israel vivió en un ambiente difícil, completamente rodeado de idólatras, como una pequeña isla de monoteísmo en un gran mar de politeísmo y, peor todavía, ni siquiera se comportaron como Dios quería puesto que, en tiempos del profeta Isaías, en el pueblo de Israel había idolatras. Incluso las reformas de Ezequías no afectaron a la masa de modo permanente en el reino de Judá y, en consecuencia, la gran parte del pueblo sabía por propia experiencia y de primera mano lo que significaba seguir a los ídolos y lo que era un ídolo. La trágica realidad fue que muchos de aquellos que por su posición debieron de ser el pueblo de Dios construían ídolos y se arrodillaban delante de ellos.

De aquí se desprende la magnífica sátira de este capítulo (vv. 9-20). Siempre produce asombro el constatar que los hombres puedan atribuir un poder sobrenatural a lo que ellos mismos fabrican con sus manos. Isaías describe un cuadro que no puede mejorarse por su sencilla ironía, el de un hombre que toma un leño para calentarse y parte de él lo dedica para hacerse la comida y otra parte la convierte en un «dios», trabajando la madera (vv. 15-17). Prácticamente, desde luego, todos los idólatras, antiguos y modernos, han dicho que ellos no adoran la imagen, sino solo lo que representa la imagen, pero, en realidad, la mayoría de ellos, quiéranlo o no, son idólatras de aquella imagen y, en caso de que no lo fueran, están adorando a algo que no es el verdadero Dios vivo, que es Espíritu y no puede ser representado por ninguna imagen:

> No discurre para consigo, no tiene sentido ni entendimiento para decir: Parte de esto quemé en el fuego, y sobre sus brasas cocí pan, asé carne, y la comí. ¿Haré del resto de él una abominación? ¿Me postraré delante de un tronco de árbol? De ceniza se alimenta; su corazón engañado le desvía, para que no libre su alma, ni diga: ¿No es pura mentira lo que tengo en mi mano derecha? (44:19-20).

Sin embargo, oímos los gloriosos acordes de un canto de redención para Israel. Es un cántico sin limitación, es del cielo y de la tierra. Dice Dios a Jerusalén, que, ciertamente, estaba habitada en tiempos de Isaías, pero que quedó deshabitada y desolada en los días de la cautividad babilónica: «Serás habitada» (v. 26). Luego menciona al hombre que iba a ser el instrumento de aquella liberación:

> que dice de Ciro: Es mi pastor, y cumplirá todo lo que yo quiero, al decir a Jerusalén: Serás edificada; y al templo: Serás fundado (v. 28).

Este es, en realidad, el meollo del problema de Isaías, lo que ya hemos notado anteriormente. Aquí está Isaías, en el siglo VIII antes de Cristo, anunciando a Ciro como el restaurador del pueblo de Jerusalén, a Ciro que vivió en el siglo sexto antes de Cristo. Este no es el único lugar, sin embargo, en donde Dios nombra a una persona antes de que nazca porque había otra profecía referente a Josías casi tres siglos antes de que naciera (1 R. 13:2).

Lo principal del pasaje es que Dios, el omnisciente Dios, es quien anuncia los acontecimientos antes de que sucedan, lo que constituye prueba de su deidad. Los críticos destructivos que dicen que este pasaje debió haber sido escrito en el siglo VI por algún profeta desconocido de Babilonia («Deutero-Isaías») están cometiendo la misma errónea estupidez de los idólatras del tiempo de Isaías y son como los saduceos de otro tiempo, a quienes el Señor Jesucristo tuvo que decirles: «Erráis, ignorando las Escrituras y el poder de Dios» (Mt. 22:29).

El cumplimiento histórico de esta profecía se nos relata en 2 Crónicas 36:22-23 y en Esdras 1:1-11. Ciro mandó el decreto de reconstrucción del templo de Jerusalén en el año 536 antes de Cristo, casi doscientos años después de la profecía.

## LOS PROPÓSITOS DE DIOS MEDIANTE CIRO, SU UNGIDO (45:1-25)

El capítulo 45, desde luego, está muy íntimamente relacionado con el capítulo precedente, pues al final del 44 se introduce a Ciro en tercera persona. Al principio del capítulo 45 se le nombra directamente en segunda persona y, en los versículos 1 al 8, se encuentra una declaración profética de las victorias de Ciro, que es el único rey gentil a quien se nombra «ungido» por Dios. Ya que esta es la traducción de la palabra hebrea que conocemos por *Mesías*, Ciro es, en cierto sentido, un tipo del Ungido, o sea del Señor Jesucristo. La tipología se confunde frecuentemente y se abusa de ella. Un tipo se considera divinamente indicado profético, cuando se refiere a Cristo, pero cuando una persona o cosa se le considera tipo, eso no significa que se altere su sentido literal ni que se deniegue su realidad histórica. Ciro fue un rey persa y no tenemos pruebas de que nunca conociese al Dios verdadero, a pesar de que la religión persa estaba relativamente libre de las idolatrías groseras como las babilónicas. Por consiguiente, no se dice que Ciro es un tipo de Jesucristo en todos los aspectos. El único parecido intencional se ve en el hecho de que Ciro fue ungido para librar al pueblo de Israel de su cautividad y, como tal, señala al gran Ungido que salva a su pueblo de sus pecados.

Aunque Ciro no conocía a Dios (v. 4), Dios le emplea para llevar a cabo sus propósitos respecto de su pueblo Israel, aunque para mucha gente resultará chocante que Dios, en su soberana providencia, regule los asuntos de las grandes naciones como Babilonia y el Imperio medo-persa para el bienestar del ridiculizado y grandemente despreciado pueblo de Israel. Aunque Ciro no lo sabía, Dios fue quien le capacitó para que destruyese el poder de Babilonia y de su Imperio. La transición del poder de los babilonios a los persas y medas se ve en la Biblia en el libro de Daniel, escrito por Daniel que vivió en aquel tiempo, es decir, en el tiempo cuando se supone que vivió el falso «Deutero-Isaías» de los críticos. También esos críticos dicen que Daniel no escribió su libro, sino que fue algún desconocido romancero del segundo siglo anterior a Jesucristo.

Después de recitar las victorias de Ciro, vuelve Dios al tema de su salvación de Israel (vv. 9-17).

> Israel será salvo en Jehová con salvación eterna… (v. 17).

La palabra *eterna* es indicación del hecho de que Dios tiene algo más reservado para su pueblo, y no solo la liberación de Babilonia, por maravilloso que sea. Ciro el «mesías» es solo una sombra temporal; Jesucristo, el Mesías, es la realidad eterna.

De nuevo, aquí se expone el mensaje con toda claridad sobre que la salvación del Mesías no se restringe únicamente al pueblo de Israel. Isaías usa la expresión que muchos de nosotros empleamos a veces, sin darnos cuenta de su origen: «los términos de la tierra».

> Mirad a mí, y sed salvos, todos los términos de la tierra, porque yo soy Dios, y no hay más (v. 22).

Los pobres y engañados idólatras de los gentiles serán todavía visitados con la salvación de Jehová por cuanto el Mesías reinará con justicia y paz universal. El juramento de Dios de que un día todos le estarán sujetos ha de ser cumplido:

> Que a mí se doblará toda rodilla, y jurará toda lengua (v. 23).

El Nuevo Testamento tiene ecos de esta declaración, que no son difíciles de encontrar, y este mismo versículo es citado directamente en Romanos 14:11, y con mayor certeza se encuentra la alusión en el gran pasaje de Filipenses 2 sobre la Persona de Cristo:

> para que en el nombre de Jesús se doble toda rodilla de los que están en los cielos, y en la tierra, y debajo de la tierra; y toda lengua confiese que Jesucristo es el Señor, para gloria de Dios Padre (Fil. 2:10-11).

# 14

# EL JUICIO SOBRE BABILONIA

El juicio que Dios va a realizar sobre el Imperio de Babilonia se describe en la primera parte de Isaías como la primera de las profecías (cap. 13). Allí vemos a Babilonia relacionada con otras naciones en un cuadro general del juicio sobre los gentiles. En este momento, la profecía particulariza el juicio sobre Babilonia, contemplándolo, no solamente como algo que va a suceder a Babilonia misma, sino también como una lección para el pueblo de Israel. Encaja bien que consideremos la caída de Babilonia dentro de la relación con la salvación de Israel, que constituye el tema general de esta sección.

## JUICIO CONTRA LOS ÍDOLOS DE BABILONIA (46:1-13)

Bel y Nebo, que se mencionan al principio del capítulo 46, son dos de los dioses principales de Babilonia, y aquí vemos una escena gráfica: los ídolos babilónicos son incapaces de defenderla, y ellos mismos son llevados cautivos. Es un cuadro para reír, si uno tiene sentido del humor, porque hay que imaginarse a esos «dioses» dando tumbos y golpes como fardos llevados a lomos de bestias.

Dios dice, en efecto, a Israel: «Estos dioses tienen que ser llevados, pero Yo soy el único que puede llevarte a ti».

> Acordaos de esto, y tened vergüenza; volved en vosotros, prevaricadores. Acordaos de las cosas pasadas desde los tiempos antiguos; porque yo soy Dios y no hay otro Dios, y nada hay semejante a mí» (vv. 8-9).

Antes del tiempo, Dios dice estas cosas para que, cuando pasen, los hombres se acuerden y entonces puedan conocer de su omnisciencia y de su poder sobre todas las cosas.

Todo esto constituye una advertencia para los transgresores, al objeto de que se conviertan de sus transgresiones y vuelvan al Dios verdadero.

## JUICIO CONTRA EL IMPERIO BABILÓNICO (47:1-15)

El capítulo 47 debe compararse con lo que ya se ha dicho en los capítulos 13 y 14. Este Imperio babilónico, a veces llamado en la historia Imperio neo-babilónico o Imperio caldeo, alcanzó su esplendor en tiempos de Nabucodonosor, que fue quien capturó y destruyó la ciudad de Jerusalén en el año 586 antes de Cristo. Esto estaba, naturalmente, muy lejos del tiempo de Isaías cuando esta profecía se escribió.

El libro de Daniel describe alguna de las condiciones del tiempo de Nabucodonosor y después, y el capítulo 5 de ese libro registra el cumplimiento histórico de la profecía que pronuncia Isaías aquí en el capítulo 47, cuando la ciudad de Babilonia fue capturada por el ejército de los medas y de los persas.

Incluso al ejercer tal juicio sobre la nación malvada de Babilonia, Dios se reivindica a sí mismo. Él ha empleado a Babilonia como instrumento de su juicio sobre su propio pueblo Israel, de modo que ahora Babilonia tiene que ser juzgada, no por ninguna intención arbitraria de Dios, sino por lo pecadora que era Babilonia.

> Porque te confiaste en tu maldad, diciendo: Nadie me ve... (v. 10).

Este principio es el que se observa en otros profetas. Jeremías y Habacuc, particularmente, hablan de ello.

Babilonia era prolífica en toda clase de ídolos, con sus sacerdotes paganos, con sus astrólogos, charlatanes, adivinos y religiones inspiradas por el diablo. Y ninguna de ellos era capaz de ayudar en nada. Todos, sin dejar ni uno, debían ser destruidos. Sin duda, desde un punto de vista humano, había mucho de admirable en los logros conseguidos por Babilonia porque su civilización era de un grado relativamente alto, tenían grandes edificaciones y una ciudad, al parecer, inexpugnable; estaban adelantados en matemáticas, astronomía y literatura, pero el carácter moral de los babilonios y de su Imperio eran tal que el pueblo de Dios no tenía que derramar ni una lágrima por su destrucción.

## EXHORTACIONES AL IMPENITENTE E INCRÉDULO (48:1-22)

En vez de sentirse preocupado por la caída de Babilonia, Israel tenía que preocuparse de su propia relación con Dios por cuanto Dios había hecho saber las cosas que acontecerían, pero su pueblo no se aprovechó de tal revelación.

> Sí, nunca lo habías oído, ni nunca lo habías conocido (v. 8).

Esto es algo que muchas personas del pueblo de Dios en el Nuevo Testamento no entienden todavía: la naturaleza práctica de la profecía. Hay muchos que estudian los detalles de la profecía simplemente porque la encuentran fascinante y el tema les intriga solo como si fuera un rompecabezas que hay que acertar o formar, pero han perdido el blanco del sentido de la profecía porque esta tiene que tener algún efecto en el vivir diario del pueblo de Dios.

> Así ha dicho Jehová, Redentor tuyo, el Santo de Israel: Yo soy Jehová Dios tuyo, que te enseña provechosamente, que te encamina por el camino que debes seguir. ¡Oh, si hubieras atendido a mis mandamientos! Fuera entonces tu paz como un río… (vv. 17-18).

Debe solemnizarnos el considerar el control de la historia que ejerce Dios, para llevarnos a una entrega de nuestras vidas al Todopoderoso, comprendiendo que Él hace justicia plenamente.

Toda esta sección de nueve capítulos ha destacado el poder de Dios, contrastando con lo efímero de los ídolos. Acaba con esta poderosa llamada para que aceptemos la salvación de Dios, y con la advertencia solemne que dice: «No hay paz para los malos, dijo Jehová» (v. 22).

15

# EL SUFRIMIENTO Y LA GLORIA FUTURA DEL SIERVO

Hemos llegado ahora a la segunda sección de la parte segunda de Isaías y, ya que esta parte del libro está dispuesta de acuerdo con un plan definido e identificable, podemos ver fácilmente que este es el centro de la enseñanza sobre el consuelo de Dios. Al objeto de que lo tengamos claramente a la vista, pensemos nuevamente en el bosquejo del libro.

## ISAÍAS: «LA SALVACIÓN DE JEHOVÁ»

*Primera parte:* El juicio de Dios (1–39)

*Segunda parte:* El consuelo de Dios (40–66)

I. Liberación del pueblo de Dios (40–48)

II. El Siervo sufriente como Redentor (49–57)

  A. La salvación de Dios por medio del Siervo (49)

  B. Exhortaciones a los incrédulos (50)

  C. Exhortaciones a los justos (51)

  D. El gozo de Sion por la liberación del Señor (52:1-12)

  E. El Siervo sufriente de Jehová (52:13–53:12)

  F. Restauración de Israel a su lugar de bendición (54)

G. Llamada a acudir a Dios para ser salvos (55)
H. Exhortaciones morales en vista de la salvación de Dios (56)
I. Contraste entre contritos y perversos (57)

III. La consumación gloriosa (58–66)

## LA SALVACIÓN DE DIOS POR MEDIO DEL SIERVO (49:1-26)

Si bien la idea del Siervo cambia constantemente, a veces refiriéndose a Israel y a veces al Mesías, como ya hemos observado, esta sección enfatiza el aspecto mesiánico. Se presenta a Cristo como Siervo en la sección anterior (cap. 42), pero ahora vemos aquí su Persona y su obra de una forma mucho más destacada.

Según comienza el capítulo 49, es el Siervo quien habla. La primera parte del capítulo habla de la exaltación de Cristo (vv. 1-13), y la segunda de la gloria que va a venir a Sion (vv. 14-26).

Recogiendo una idea que se dio con anterioridad (45:22), Dios dice al Siervo:

> También te di por luz de las naciones, para que seas mi salvación hasta lo postrero de la tierra (v. 6).

Por medio de esta maravillosa salvación, Sion ha de ser consolada. Ya sabemos que la palabra Sion es el título frecuentemente usado en la Biblia para la ciudad de Jerusalén, que era, originalmente, la colina sobre la que se levantó la ciudad. Por su cautividad y por el juicio, Sion se vio tentada a pensar que Dios la había desamparado y olvidado (v. 14), pero Dios le asegura que no es así (vv. 15-16). Al glorificar a Israel, Dios hará uso de los gentiles y tendrá muy en cuenta a todos aquellos que han oprimido a su pueblo (v. 26).

## EXHORTACIONES A LOS INCRÉDULOS (50:1-11)

Dios muestra luego a su pueblo que Él no le ha rechazado (cap. 50), sino que, todo lo contrario, lo que le sucede y lo que sufre su pueblo se debe a haberse apartado de Dios por sus propios pecados (vv. 1-3) y Dios pregunta: «¿Por qué cuando vine, no hallé a nadie, y cuando llamé, nadie respondió?...» (v. 2). Dios «vino» por medio de sus profetas, servidores suyos (cp. He. 1:1) y, posteriormente, por el Siervo mismo, el amado Hijo de Dios (cp. He. 1:2; Jn. 1:10-11). Pero Israel no dio respuesta alguna. Incluso Cristo, cuando vino, fue rechazado.

El párrafo siguiente de dicho capítulo (vv. 4-9) amplía el pensamiento de la oposición al Siervo de Jehová:

> Di mi cuerpo a los heridores, y mis mejillas a los que me mesaban la barba; no escondí mi rostro de injurias y de esputos (v. 6).

Este no es Isaías hablando, ni el retrato idealizado de la nación de Israel. Es un individuo, no un grupo, es *el Siervo*, el Señor Jesucristo. Este versículo encuentra su cumplimiento histórico en los relatos de los sufrimientos del Señor Jesucristo en los Evangelios.

> Entonces les escupieron el rostro, y le dieron de puñetazos, y otros le abofeteaban... (Mt. 26:67).

> Y escupiéndole, tomaban la caña y le golpeaban en la cabeza (Mt. 27:30).

Estos y otros pasajes varios muestran cómo se aplica la profecía de Isaías al Señor Jesucristo y solo exclusivamente a Él.

El capítulo termina con una mención de tipo doble: los dos caminos, el de confianza (v. 10) y el de dolor (v. 11), es decir, depender o no depender de Dios, depender de Dios o depender de uno mismo, lo cual conduce, en el primer caso, a la paz y a la salvación, y en el segundo caso, a la destrucción. Estos son, en esencia, los dos mismos caminos que se presentan en el primer Salmo, y en las palabras de Jesucristo en Mateo 7:13-14.

## EXHORTACIONES A QUIENES SIGUEN LA JUSTICIA (51:1-23)

Podría decirse que las exhortaciones previas iban dirigidas a la nación en bloque, mientras que estas (cap. 51) van dirigidas al remanente fiel y piadoso, a aquellos que siguen la justicia (v. 1). La primera parte del capítulo da garantías consoladoras a quienes buscan al Señor (vv. 1-16); el resto habla de nuevo del triunfo de Jerusalén y de la destrucción de sus enemigos (vv. 17-23).

En la primera parte de Isaías la mano del Señor se vio extendida para juicio, pero ahora el brazo del Señor ha de despertar (v. 9) porque es el brazo de la liberación, mencionado de nuevo en 53:1. De nuevo hay aquí un recuerdo a la poderosa libertad que Dios concedió a su pueblo durante el éxodo, o salida de Egipto (vv. 9-10) y esto va seguido del mismo estribillo glorioso que hemos oído anteriormente en 35:10:

> Ciertamente volverán los redimidos de Jehová; volverán a Sion cantando, y gozo perpetuo habrá sobre sus cabezas; tendrán gozo y alegría, y el dolor y el gemido huirán (v. 11).

Precisamente, esas repeticiones características de Isaías, su mezcla de temas y estribillos, las reapariciones de las ideas principales, son lo que ayuda a mostrar la perfecta unidad del libro.

El mismo Dios que creó los cielos y la tierra, y que dividió el mar para el paso de Israel en la primera parte de su historia, va a ofrecer la gloriosa libertad. Jerusalén, que ha bebido la copa de la furia de Dios hasta las heces, tiene la promesa de que no volverá a beberla otra vez (v. 22) y, en su lugar, los opresores de Israel y quienes le afligen serán los que la beban (v. 23).

## EL GOZO DE SION POR LA LIBERACIÓN DEL SEÑOR (52:1-12)

De nuevo (como en 51:17) se pide a Jerusalén que despierte (52:1) y aquí vemos a la ciudad de Jerusalén descrita como una mujer bella que se encuentra postrada en el polvo, pero que va a levantarse y a sentarse sobre su trono, el trono que Dios le ha preparado (v. 2). Entonces se describe al heraldo como viniendo de las montañas para proclamar el reinado de Dios (v. 7). San Pablo hace una aplicación de esto al referirse al evangelio en Romanos 10:15. Es como si hubiésemos realizado un completo ciclo desde el capítulo 40 porque leemos de nuevo que Dios ha consolado a su pueblo (v. 9) y con Dios, tanto delante como detrás, Israel no puede dejar de sentirse seguro (v. 12).

16

# EL SIERVO COMO CORDERO

El capítulo 53, uno de los más conocidos de la Palabra de Dios, es el capítulo del medio de la segunda sección y, por lo tanto, el capítulo del medio de toda la segunda parte de Isaías. No es accidental su posición porque nos da un cuadro profético maravilloso de los sufrimientos y de la muerte del Señor Jesucristo. El tema general de la segunda parte de Isaías, como podemos recordar bien, es el consuelo de Dios. El tema de la segunda sección es: el Siervo sufriente como Redentor, y es este capítulo el que nos revela en gran medida, más que ninguna otra parte del libro, los sufrimientos del Siervo.

## EVIDENCIA DE QUE EL CAPÍTULO SE REFIERE A CRISTO

Muchas personas, incluso judíos ortodoxos, niegan que este capítulo se refiera al Señor Jesucristo, pero las pruebas de su carácter mesiánico son muchas y variadas.

Con toda seguridad, la persona que se describe en la profecía es llamada «siervo» de Jehová (52:13; 53:11) y ya hemos visto que a veces se llama a Israel el siervo de Jehová, pero en este capítulo el siervo no puede ser Israel por cuanto se describe a una persona. Quienes hablan en el capítulo son Israel y, de consiguiente, el Siervo ha de ser el Mesías, ya que el Mesías recibe el nombre de Siervo en otros lugares de Isaías (caps. 42, 49).

La comparación con otros pasajes proféticos nos demuestra que es mesiánico. Desde Génesis 3:15, Dios en su Palabra traza la línea de la descendencia del Redentor y sigue añadiendo detalles respecto del mismo. Algunos pasajes que pueden compararse con este son: Salmo 22 (el Salmo de la cruz); Salmo 69; Daniel 9:26; Zacarías 9:9; 12:10; 13:7. También se puede añadir que este capítulo es la culminación de otros pasajes similares de Isaías mismo, como 42:4; 49:6 y 50:6.

Tenemos, además, la tradición antigua y uniforme; los antiguos judíos, antes de la venida del Señor Jesús, consideraron este pasaje como mesiánico, y la Iglesia siempre lo ha considerado así, con la excepción de los intérpretes racionalistas modernos.

Añadamos a estas líneas la evidencia de que ninguna otra interpretación negativa satisfactoria se ha presentado nunca y quienes niegan que no hay sentido mesiánico son incapaces de estar de acuerdo en ninguna otra interpretación.

Con toda certeza, cualquier persona que no tenga prejuicio alguno y lea este pasaje y luego los evangelios ha de admitir que la profecía y la historia encajan perfectamente cuando lo aplicamos al Señor Jesucristo.

Todas estas pruebas, que son de peso, no son tan importantes como la concluyente que vamos a mencionar ahora, esto es, que el Nuevo Testamento declara expresamente que esta es una profecía de Jesucristo. Hay, al menos, ochenta referencias a Isaías (directas e indirectas) en el Nuevo Testamento, y la gran mayoría de estas se refieren, precisamente, a este pasaje que consideramos. Cuando Felipe se encontró con el tesorero etíope, en el camino del desierto, y el eunuco preguntó: ¿De quién habla el profeta, de sí mismo o de otro?, Felipe no vació y no existe equivocación alguna en la declaración bíblica:

Entonces Felipe, abriendo su boca, y comenzando desde esta escritura, le anunció el evangelio de Jesús (Hch. 8:35).

Esta no es, desde luego, la única cita de este capítulo en el Nuevo Testamento porque encontramos, al menos, otras seis citas directas:

52:15 se cita en Romanos 15:21.
53:1 se cita en Juan 12:38 y en Romanos 10:16.
53:4 se cita en Mateo 8:17.
53:5-6, 9 se citan en 1 Pedro 2:22-25.
53:7-8 se citan en Hechos 8:32-33
53:12 se cita en Marcos 15:28 y Lucas 22:37.

Además de estas citas específicas, hay muchas más breves alusiones a los términos que encontramos en el capítulo. Aquí damos algunas comparaciones útiles para nuestro estudio:

Romanos 4:25 con el versículo 5.
1 Pedro 1:19 con el versículo 7.
Apocalipsis 5:6 con el versículo 7.
Apocalipsis 7:14 con el versículo 7.
Juan 1:29, 36 con los versículos 7 y 11.
1 Corintios 15:3-4 con los versículos 8-11.
2 Corintios 5:21 con los versículos 8-11

El comentarista alemán del siglo XIX, Franz Delitzsch, escribiendo sobre este capítulo, dijo: «Todas las referencias del Nuevo Testamento al Cordero de Dios (con las que se entremezclan las correspondientes alusiones a la Pascua) surgen de este pasaje del libro de Isaías… la tipología muda de la Pascua encuentra ahora una lengua para hablar».

## LA ESTRUCTURA DEL CAPÍTULO 53

Se ha llamado a este capítulo el «lugar santísimo» de Isaías. El escritor de la Iglesia primitiva, Policarpo, habló de él como la «pasión dorada del Antiguo Testamento», y constituye el gran eslabón de conexión entre el Salmo 22 y el Salmo 110, ya que el primero es el salmo de la cruz y el segundo el salmo del sacerdocio real de Jesucristo. Parece probable que las cinco principales ofrendas del Levítico se refieran en este capítulo porque el Señor Jesucristo es el cumplimiento de todas ellas.

El capítulo 53 debería empezar en 52:13 y el pasaje dividido en cinco párrafos, cada uno de ellos conteniendo tres versículos. Manteniéndonos tan cerca como nos es posible al fraseo del pasaje mismo, podemos bosquejarlo de la siguiente manera:

El Siervo sufriente de Jehová (52:13–53:12)
El Siervo exaltado (52:13-15)
El Siervo despreciado (53:1-3)
El Siervo herido (53:4-6)
El Siervo desechado (53:7-9)
El Siervo satisfecho (53:10-12)

## EL SIERVO EXALTADO (52:13-15)

El primer párrafo o estrofa nos da realmente un sumario de toda la profecía. Al principio, Jehová requiere la atención de todos los hombres para que contemplen a su Siervo:

> He aquí que mi siervo será prosperado, será enaltecido y exaltado, y será puesto muy en alto (v. 13).

Esto se aplica al tiempo posterior a los sufrimientos y se refiere a la gloriosa exaltación descrita en Filipenses 2:8-11. El sufrimiento ha de venir primero, sin embargo:

> Como se asombraron de ti muchos, de tal manera fue desfigurado de los hombres su parecer, y su hermosura más que la de los hijos de los hombres (v. 14).

¿Cómo puede uno leer de las torturas infligidas al «santo, inocente, sin mancha» Hijo de Dios e Hijo del Hombre, sin conmoverse? Semejante tortura, como se describe en Mateo 26:67-68 y en 27:27-30, tenía que producir transformación real y desfiguración tal que causara asombro.

El sufrimiento se convierte en un sendero maravilloso para ascender a la gloria y el asombro ante su desfiguración se convierte en maravilla por su gracia:

> así asombrará él a muchas naciones; los reyes cerrarán ante él la boca, porque verán lo que nunca les fue contado, y entenderán lo que jamás habían oído (v. 15).

## EL SIERVO DESPRECIADO (53:1-3)

Los judíos tienen razón al considerar esto como una profecía de Israel, pero han colocado a Israel en su papel equivocado porque este es un cuadro de la nación de Israel en su día futuro nacional del Día de la Expiación (cp. Zac. 12:10) cuando el pueblo le reconocerá por fin y aceptará al Señor Jesús como el Mesías. Se trata de una presentación profética de sus meditaciones de entonces. No pueden comprender del todo la realidad porque ¿quién habría de pensar que aquella «raíz de tierra seca», aquella planta débil, aquel no deseado, aquel despreciado y rechazado, pudiera ser el Mesías, después de todo, se preguntan? No se refieren a una información fabricada por ellos, sino a unos datos exactos que le llegaron y, al hacerse aquella pregunta y aquella exclamación, están admitiendo su anterior incredulidad:

> ¿Quién ha creído a nuestro anuncio? ¿y sobre quién se ha manifestado el brazo de Jehová? (v. 1).

Se describe la pequeñez y humillación del Señor Jesucristo y, si bien hay razón para creer, según otros pasajes de la Escritura, que el carácter simpático de Jesucristo hacía mella incluso en los hombres de menos confianza, sin embargo, esta profecía aclara lo que algunos cristianos no han llegado todavía a comprender del todo, esto es, que el Señor Jesucristo no apareció de aquella manera que atraería al hombre natural. Aunque el poder de su deidad se destacaba de modo evidente en la ocasión, no había brillo alguno alrededor de su persona. Él vivió su vida terrena en circunstancias humildes, no en la pompa del mundo. La mente natural está presta a confundir la humildad con la debilidad y despilfarra su adulación para con las personas orgullosas y amantes de lo suyo. «Sin atractivo para que le deseemos» es el veredicto del desprecio casi universal, a excepción de aquellos a quienes el Padre en su gracia atrajo hacia el amado Hijo (Jn. 6:44).

> Despreciado y desechado entre los hombres, varón de dolores, experimentado en quebranto; y como que escondimos de él el rostro, fue menospreciado, y no lo estimamos (v. 3).

Parece inconcebible para ciertas personas que el Señor Jesucristo fuese despreciado de tal manera, pero solo vemos aquí y allí los pocos discípulos, las mujeres piadosas que le sirvieron en sus necesidades, el centurión romano, la mujer sirofenicia, en tanto que la gran multitud, la masa, está dispuesta a gritar: «¡Crucifícale! ¡Crucifícale!». Muchos de los que le siguieron y le apretujaban en la multitud durante el tiempo de su ministerio solo querían ver algún milagro o comer de los milagrosos panes (Jn. 6:26) y así ocurre en el día de hoy. Muchos que se llenaban la boca haciendo elogios del «humilde nazareno» como gran maestro y hombre bueno hablaron luego para proferir burlas y desprecios. Cuando se llega al punto culminante, cuando se consideran las verdades del evangelio, cuando la divinidad de Jesús y su expiación sustitucionaria están en juego, entonces los hombres de hoy también le desprecian y le rechazan. ¿Y quién puede considerar la culpa de ese dirigente religioso que escamotea la enseñanza de la preciosa sangre de Cristo?

Tenemos una importante lección aquí para los creyentes. ¿Por qué hemos de buscar la aprobación de un mundo que está rechazando a nuestro Señor? ¿Por qué hemos de buscar la aceptación de los hombres que le rechazan?

Algún día el remanente fiel de Israel lamentará semejante rechazo y algún día se tornará hacia Él, verdaderamente arrepentidos.

## EL SIERVO HERIDO (53:4-6)

Durante su ministerio en esta tierra, el Señor Jesucristo se mezcló amorosamente con las penas y aflicciones de los hombres, y este es el significado de la primera parte del versículo 4, explicado tan claramente por Mateo (8:17). No hay motivo alguno para suponer que haya sanidad en «la expiación», como algunos enseñan equívocamente, basándose en este versículo porque Cristo, si bien sanó toda clase de enfermedad de la gente y todo mal, cuando murió lo hizo por nuestros pecados y no por nuestras enfermedades. El remanente fiel de Israel en un día futuro continuará con sus titubeos sobre la profecía:

> ...nosotros le tuvimos por azotado, por herido de Dios y abatido. Mas él herido fue por nuestras rebeliones, molido por nuestros pecados; el castigo de nuestra paz fue sobre él, y por su llaga fuimos nosotros curados (vv. 4-5).

Aquí encontramos la sustitución. Israel, en tiempos de Cristo, pensó que Él merecía la muerte y fue acusado de blasfemia y condenado por ello. Fue considerado herido de Dios, merecidamente, y, sin embargo, murió, no por Él mismo, sino por los demás, y esta profecía es la seguridad de que Israel se dará cuenta algún día de esta bendita verdad. Este es el pivote central de esta segunda parte de Isaías, maravillosamente simétrica. No hay mayor verdad que esta, que el Hijo de Dios sin pecado murió en la cruz en lugar del hombre pecador. Podemos entender perfectamente por qué se llama a Isaías el profeta del evangelio.

> Todos nosotros nos descarriamos como ovejas, cada cual se apartó por su camino; mas Jehová cargó en él el pecado de todos nosotros (v. 6).

Un día Jesús miró a las multitudes de Israel con compasión y las vio «como ovejas que no tienen pastor» (Mt. 9:36). «Cada uno se apartó por su camino…», y así lo hicieron los hombres. Los hombres quieren eso, piensan que son libres, que están elaborando su propio destino, pero, por desgracia, la verdad es que se encuentran perdidos.

En su infinita misericordia, Dios preparó una salvación para nosotros que somos como las ovejas extraviadas, y Cristo murió por nuestros pecados. La expresión «cargó en él» significa, literalmente, «golpear con gran fuerza» y Pablo explica estas palabras de la forma siguiente en 2 Corintios 5:21:

> Al que no conoció pecado, por nosotros lo hizo pecado, para que nosotros fuésemos hechos justicia de Dios en él.

Pedro comenta sobre este pasaje:

> Quien llevó él mismo nuestros pecados en su cuerpo sobre el madero, para que nosotros, estando muertos a los pecados, vivamos a la justicia; y por cuya herida fuisteis sanados. Porque vosotros erais como ovejas descarriadas, pero ahora habéis vuelto al Pastor y Obispo de vuestras almas (1 P. 2:24-25).

## EL SIERVO DESECHADO (53:7-9)

El Señor Jesús no fue una víctima involuntaria, a quien se obligaba a ir a la cruz, sino que, por el contrario, fue voluntariamente al sacrificio, y todo el sendero que iba desde la gloria al Calvario se iluminaba con las palabras: «He aquí que vengo, oh Dios, para hacer tu voluntad» (He. 10:7). Aquí, en verdad, como Delitzsch dijo tan apropiadamente, la Pascua «encuentra una lengua». A lo largo de los siglos, desde los tiempos de Moisés, los corderos para la Pascua eran sacrificados, con la mira puesta en aquel Alguien, si bien su testimonio era de tipo silencioso y críptico. Ahora ya ese Alguien fue revelado y lo que sigue se descubre de forma totalmente clara. De Isaías 53:7 a Juan 1:29 no hay más que un paso:

> He aquí el Cordero de Dios, que quita el pecado del mundo (Jn. 1:29).

La profecía sigue hablando de la insensatez de su generación. «Cortado fue de la tierra de los vivientes», fue desechado, condenado por su propio pueblo, pero llevando sus transgresiones por su gracia y misericordia. Daniel también hablaba del Mesías desechado (Dn. 9:26). ¡Es de admitir con cuanto detalle, al parecer innecesario, se detiene la profecía! Sin embargo, lo que parece innecesario o insignificante nos facilita la prueba de que la profecía es genuina y de que no es por accidente que se cumplen las predicciones como esta. El que fue crucificado entre dos malhechores fue enterrado en la tumba del hombre rico, José de Arimatea (Mt. 27:57).

## EL SIERVO SATISFECHO (53:10-12)

Los hombres consideran la muerte de Jesús como una tragedia solamente, y se imaginan a un visionario mártir, quizás adelantado a su tiempo, sufriendo por sus ideales hasta llegar a la muerte. Pero esto es un farsa. La Palabra de Dios dice que lo que en un sentido es tragedia, en otro sentido es la fuente del gozo más profundo. Lo que Cristo sufrió a manos de los hombres fue trágico porque le tomaron con «manos de inicuos» y le crucificaron y le mataron, como declaraba Pedro (Hch. 2:23); sin embargo, Dios, en aquella tragedia y por aquella tragedia, estaba llevando a cabo su propósito soberano de gracia, como enfatiza el profeta Isaías:

> Con todo esto, Jehová quiso quebrantarlo, sujetándole a padecimiento. Cuando haya puesto su vida en expiación por el pecado, verá linaje, vivirá por largos días, y la voluntad de Jehová será en su mano prosperada (v. 10).

La cosa más misteriosa acerca de la muerte de Cristo y la más gloriosa es que Él era el Cordero que Dios expiaba. De alguna manera que nosotros no podemos explicar ni comprender, Él ocupó nuestro lugar, recibiendo el justo juicio de Dios contra el pecado. Esto fue lo profundo del sufrimiento del Señor Jesús, lo que le hizo gritar en la profunda oscuridad:

> Dios mío, Dios mío, ¿por qué me has desamparado? (Mt. 27:46).

Y fue por esto por lo que su alma santa se conmovió en el huerto de Getsemaní, no por miedo, sino a causa de la misma santidad.

Muchos hombres valientes han soportado grandes sufrimientos físicos con entereza, pero solo el santo Hijo de Dios pudo soportar semejante sufrimiento. El ser hecho pecado es algo que no podemos, en realidad, ni imaginar lo que representaría para el alma de la Persona perfectamente limpia y sin pecado.

Pero el Señor Jesucristo pudo contemplar algo más allá de los sufrimientos, como leemos en Hebreos 12:2, que «por el gozo puesto delante de él sufrió la cruz, menospreciando el oprobio, y se sentó a la diestra del trono de Dios». El Señor Jesucristo tenía a la vista la gran multitud de hijos que habría de llevar a la gloria (He. 2:10) y cuando la contemplamos desde este punto, desde el verdadero punto y desde la verdadera perspectiva, la muerte de Cristo no es una tragedia, no un despilfarro, sino el triunfo más grande que pueda lograrse. Eso se prueba por el hecho de que la muerte no pudo retenerle, y que «vivirá por largos días». El Antiguo Testamento, en muchos pasajes, se anticipa a la resurrección de Cristo, ese elemento tan esencial del evangelio:

> Verá el fruto de la aflicción de su alma, y quedará satisfecho (v. 11).

Muchas veces en la historia de la humanidad, los hombres han intentado llevar a cabo proezas para nada. No ocurrió así con el Señor Jesucristo porque aquí encontramos la cúspide de su expiación: «quedará satisfecho». La cuestión que se le presenta a toda persona que encuentra esta verdad en su vida es: «¿Estás tú satisfecho?». Y para ponerlo de una forma más personal, podemos decir: «¿Estoy yo satisfecho con lo que Jesús, el Señor, hizo por mí en la cruz del Calvario?». Leemos en Isaías que «por su conocimiento» justifica, es decir, por el conocimiento de Él mismo, el «siervo justo» de Dios justifica. Y puede hacerlo porque ya ha llevado sus iniquidades: «... en él es justificado todo aquel que cree» (Hch. 13:39).

La profecía se cierra con el mismo pensamiento con que empezó, con la exaltación tras el sufrimiento. En este pasaje breve vemos a un tiempo los dos temas principales de la profecía del Antiguo Testamento, es decir: «los sufrimientos de Cristo, y las glorias que vendrían tras ellos» (1 P. 1:11). El botín de esta única y tremenda campaña está ahora dividido. El Mesías ha venido a lo suyo. Los Salmos 2 y 72 son buenos ejemplos de otras citas proféticas que hablan del día venidero del triunfo de Cristo y del reino milenario.

¿Es posible leer un pasaje como Isaías 53 y verlo solo como un acontecimiento lejano, confuso, como algo que tuviera sentido para el profeta y para el pueblo de su día, y no para los tiempos que seguirán? Tristemente sí, porque «el dios de este siglo cegó el entendimiento de los incrédulos, para que no les resplandezca la luz del evangelio de la gloria de Cristo, el cual es la imagen de Dios» (2 Co. 4:4). Para el corazón que busca, para el corazón que cree, el Señor Jesucristo se revela con toda la tragedia triste-alegre de su triunfo en la muerte de sustitución, en la muerte de sacrificio, y también en el gozo y triunfo puro de su resurrección corporal gloriosa. El Siervo de Jehová es el Cristo del Calvario y de la tumba vacía.

17

# SALVACIÓN POR EL SIERVO

Los capítulos que siguen al pasaje «cumbre» del «Siervo» (54–57) están directamente relacionados con él. Ya hemos visto que la segunda parte de Isaías está dividida en tres secciones de nueve capítulos cada una y esta sección habla del Siervo sufriente como Redentor. En el capítulo 53 hemos visto cómo se cumple la redención, y aquí vemos la aplicación de esa redención a la nación de Israel y al individuo.

## EL CÁNTICO DE LA ESPOSA RESTAURADA (54:1-17)

No hemos de perder de vista el hecho de que Isaías habla del consuelo de Dios para Israel. Podemos dar gracias de que por medio de la fe en el Señor Jesucristo cada uno de nosotros, sea judío o gentil, podemos recoger los beneficios de su muerte, lo que no altera el hecho de que Dios, sin embargo, haya hecho promesas nacionales a Israel. Aquí se ve a la nación como desierta, desolada, como una esposa abandonada que se restaura a la comunión y a la bendición (cap. 54).

Podemos ver seguidamente que hay un lenguaje figurativo en este pasaje particular. Israel aparece comparado más de una vez con una esposa, y el principio en que debemos insistir, no obstante, es en que el lenguaje figurado no cambia el cumplimiento literal de la profecía. El principio más básico de interpretación bíblica está aquí en entredicho, y aquellos que tontamente niegan las bendiciones futuras para el pueblo de Israel caen de cabeza en un mar desesperado de alegorismo, sin mapa ni brújula que les guíe. Si todas las bendiciones futuras prometidas al pueblo de Israel tienen que cumplirse espiritualmente en la Iglesia, como algunos propugnan, ¿por qué no se aplica a ellos mismos, tales intérpretes, las maldiciones que se pronuncian contra el pueblo de Israel?

Muchos gentiles se sorprenderán, indiscutiblemente, y se sentirán entristecidos al descubrir que Israel tiene que cumplir el papel principal en la tierra:

> Porque la extenderás a la mano derecha y a la mano izquierda;
> y tu descendencia heredará naciones, y habitará las ciudades asoladas (v. 3).

Dios tiene una relación con Israel que nunca ha tenido ni tendrá con ninguna otra nación («porque tu marido es tu Hacedor», dice el versículo 5) y, a pesar de ello, las bendiciones se derramarán desde Israel a toda la tierra, ya que el Redentor de Israel será conocido como «Dios de toda la tierra» (v. 5). Pablo escribe de esto en su consideración del lugar que ocupa Israel en el propósito de Dios:

> Digo, pues: ¿Han tropezado los de Israel para que cayesen? En ninguna manera; pero por su transgresión vino la salvación a los gentiles, para provocarles a celos. Y si su transgresión es la riqueza del mundo, y su defección la riqueza de los gentiles, ¿cuánto más su plena restauración?... porque si su exclusión es la reconciliación del mundo, ¿qué será su admisión, sino vida de entre los muertos? (Ro. 11:11-12, 15).

Este pasaje en Isaías, lo mismo que otros muchos, habla del «recibimiento» de Israel, de su restauración al lugar de la bendición, lo cual no puede dejar de afectar a las naciones y a todo el mundo.

## LLAMAMIENTO A LOS SEDIENTOS (55:1-13)

Aquí nos encontramos también con un pasaje harto conocido (cap. 55) donde la Palabra de Dios está llena de una misericordiosa apelación. El único requisito para llegar a Dios es una sed abrasadora (cp. Jn. 7:37 y Ap. 22:17), no tratándose de una sed ordinaria, sino de «hambre y sed de justicia» de lo que el Señor Jesucristo hablaba en Mateo 5:6. El contexto de este llamamiento se aplica en primer término a Israel, pero abarca de modo normal a toda la raza humana, ya que toda persona que busque al Señor de la manera descrita aquí le encontrará ciertamente.

¿Hay alguna duda de que la Palabra de Dios se cumplirá? Ninguna en absoluto, como asegura el mismo Dios: «...no volverá a mí vacía, sino que hará lo que yo quiero, y será prosperada en aquello para que la envié» (v. 11). Todas las profecías gloriosas de bendición que surgen del Siervo sufriente han de ser cumplidas.

El pasaje termina con una descripción poética del gozo del Milenio y puede compararse al cántico de salvación en el capítulo 12, de igual modo que a ciertos salmos milenarios.

## EXHORTACIONES MORALES EN VISTA DE LA SALVACIÓN DE DIOS (56:1-12)

La salvación acarrea siempre consigo la responsabilidad de vivir una vida santa. Aquí se describe, en el capítulo 56, aunque, naturalmente en un contexto de reconocimiento sabático, pero no es difícil de encontrar su principio docente. Es el principio de la confianza en Dios y de la obediencia a sus mandatos. La verdadera adoración, incluso en la economía del Antiguo Testamento, de ceremonias y símbolos, es un asunto del corazón. El templo era, principalmente, una «casa de oración» (v. 7) y el Señor Jesucristo citó este versículo cuando limpió el templo por segunda vez.

> Y les dijo: Escrito está: Mi casa, casa de oración será llamada; mas vosotros la habéis hecho cueva de ladrones (Mt. 21:13; cp. Mr. 11:17; Lc. 19:46).

## CONTRASTE ENTRE CONTRITOS Y PERVERSOS (57:1-21)

Cuando la salvación de Dios se da a conocer a los hombres, siempre hay quien la acepta y quien la rechaza. En tiempos de Isaías había aquellas personas que no se preocupaban por el juicio que había de venir durante la cautividad; tampoco en los días posteriores a Isaías. No entendían o no querían entender que el hombre justo que moría era «quitado del mal que había de venir» (57:1, paráfrasis).

Isaías contiene, como hemos visto, pasajes de belleza transcendente respecto de la personalidad y majestad de Dios. Son hermosamente transcendentes porque son verdaderos y porque presentan a Dios en su gracia condescendiente:

> Porque así dijo el Alto y Sublime, el que habita la eternidad, y cuyo nombre es el Santo: Yo habito en la altura y la santidad, y con el quebrantado y humilde de espíritu, para hacer vivir el espíritu de los humildes, y para vivificar el corazón de los quebrantados (v. 15).

Se piensa de los soberanos de la tierra como de aquellos que viven con los orgullosos y exaltados; el gran Soberano de todos habita con los humildes, con el creyente humilde, lo que resulta consolador y animador para el corazón que cree y confía. Hay peligro, sin embargo, de que el creyente radique sus pensamientos en sí mismo más bien que en Dios, y entonces pierda su humildad. Un verdadero concepto de Dios, como Isaías ha descrito de su propia experiencia en el capítulo 6, provocará la contrición y la humildad.

El contraste entre el contrito y el impío se describe en los versículos finales:

> Pero los impíos son como el mar en tempestad, que no puede estarse quieto, y sus aguas arrojan cieno y lodo (v. 20).

Se podía pensar que Dios está describiendo nuestros días de hoy porque, indudablemente, vivimos en la tierra, a lo ancho y a lo largo, una inquietud creciente; los hombres corren de acá para allá, buscan satisfacción en esto y en lo otro, prueban la panacea que creen les soluciona los problemas y luego la siguiente, pero continúan sin paz y sin descanso. No hace falta que uno sea considerado por los demás hombres como un criminal para caer dentro de esta descripción que aquí se señala. El contraste queda entre el contrito y el impío. Por consiguiente, el hombre se encuadra en una categoría o en otra. El Nuevo Testamento nos muestra que el rechazo del Señor Jesucristo es el pecado más odioso y reprensible:

> El que en él cree, no es condenado; pero el que no cree, ya ha sido condenado, porque no ha creído en el nombre del unigénito Hijo de Dios… El que cree en el Hijo tiene vida eterna; pero el que rehúsa creer en el Hijo no verá la vida, sino que la ira de Dios está sobre él (Jn. 3:18, 36).

La verdadera paz, de cualquier tipo, solo puede venir a través de Jesucristo, el Señor, el Redentor, que ha sido descrito proféticamente en esta sección, la cual termina con la repetición surgida del final del capítulo 48:

> No hay paz, dijo mi Dios, para los impíos (57:21).

18

# LA VENIDA DEL REDENTOR A SION

Llegamos ahora a la última sección de la segunda parte de Isaías donde será útil, quizás, observar la estructura de estos capítulos finales dentro del marco de la división total de todo el libro.

## ISAÍAS: «LA SALVACIÓN DE JEHOVÁ»

*Primera parte:* El juicio de Dios sobre Israel (1–39)
*Segunda parte:* El consuelo de Dios para Israel (40–66)

- I. Liberación del pueblo de Dios (40–48)
- II. El Siervo sufriente como Redentor (49–57)
- III. La gloriosa consumación (58–66)
  - A. Arrepentimiento seguido de bendición (58)
  - B. La venida del Redentor a Sion (59)
  - C. La gloria de Israel (60)
  - D. El ministerio del Mesías (61)
  - E. «Jerusalén, alabanza en la Tierra» (62)
  - F. El día de la venganza (63)
  - G. La oración del remanente (64)
  - H. Condenación y gloria (65)
  - I. Paz como un río (66)

## ARREPENTIMIENTO SEGUIDO DE BENDICIÓN (58:1-14)

La sección final del libro describe la gloriosa consumación que Dios tiene reservada para Israel, pueblo del Siervo, y canal de Dios para bendecir al mundo. Se da un fuerte contraste en toda la sección entre el rebelde y el fiel, contraste que nunca aparece ausente del todo de ninguna porción amplia de la Palabra de Dios.

Al principio mismo del libro de Isaías ya vimos que mucha de la adoración a Dios era puro formalismo. Aquí se repite la lección de que las formas externas de arrepentimiento no indican necesariamente un cambio de corazón. El ayuno, que no va acompañado de hacer justicia, no basta:

> ¿No es más bien el ayuno que yo escogí, desatar las ligaduras de impiedad, soltar las cargas de opresión, y dejar ir libres a los quebrantados, y que rompáis todo yugo? (v. 6).

Semejante arrepentimiento asegurará la contestación de Dios (v. 9) y la delicia en el Señor hará que su pueblo suba «sobre las alturas de la tierra» (v. 14) para heredar lo que Dios había prometido a los descendientes de Jacob.

## LA VENIDA DEL REDENTOR A SION (59:1-21)

El capítulo 59 continúa en la misma línea que el capítulo anterior. ¿Qué hace sentir al que ora que no es oído? ¿Qué es lo que dificulta la respuesta? Es el pecado y siempre resulta verdad esto porque la falta no está en Dios, sino en la persona que le invoca. Dios está siempre dispuesto a dar contestación y a dar libertad. Y ya que Dios no pudo encontrar en la nación a aquellos que debían ser verdaderos intercesores, prepara la salvación por su gracia y justicia soberana (v. 16). Esto nos lleva a la misma Persona maravillosa que ha aparecido en tantas formas diferentes en esta incomparable profecía de Isaías, el Redentor, el Señor Jesucristo:

> Y vendrá el Redentor a Sion, y a los que se volvieren de la iniquidad en Jacob, dice Jehová (v. 20).

## LA GLORIA DE ISRAEL (60:1-22)

Los primeros tres versículos del capítulo 60 muestran la venida de la luz, lo cual es una reminiscencia del capítulo 9, y también se refiere al Mesías. Pablo usa la misma expresión precisamente en 2 Corintios 4:6, al decir:

> Porque Dios, que mandó que de las tinieblas resplandeciese la luz, es el que resplandeció en nuestros corazones, para iluminación del conocimiento de la gloria de Dios en la faz de Jesucristo.

La mención de la «gloria de Dios» le lleva a uno al pensamiento anterior del capítulo 40 donde también se menciona esa «gloria del Señor que será revelada». Aquí se añade que la luz que viene a Israel ha de atraer a los gentiles.

Lo restante del capítulo describe en algún detalle el homenaje que los gentiles dispensarán a Israel en el futuro. La justicia de Dios requiere justa retribución por el maltrato que se ha dado a Israel en el pasado por parte de muchas naciones, y aquellos que están esclavizados por la predisposición del antisemitismo no se encontrarán muy felices al oír lo que Dios tiene que decir a este respecto:

> Porque la nación o el reino que no te sirviere perecerá, y del todo será asolado... Y vendrán a ti humillados los hijos de los que te afligieron, y a las pisadas de tus pies se encorvarán todos

los que te escarnecían, y te llamarán Ciudad de Jehová, Sion del Santo de Israel (vv. 12, 14).

Cambios asombrosos aguardan a esta tierra, cambios morales políticos, económicos porque cuando Dios obra en su soberana voluntad y con su propósito soberano, según se describe en estas profecías, Israel será lo que Dios quiere que sea, esto es, un testigo suyo en la tierra. Cuando Israel aparezca como lo que debe ser, y cuando los gentiles asuman su lugar señalado en relación con el pueblo de Israel, entonces se registrará la *paz* verdadera y la justicia verdadera en esta tierra. Pero todo ello, sin embargo, depende de una Persona, de esa Persona que encontramos hablando en el próximo capítulo.

19

# EL MINISTERIO DEL MESÍAS

Los capítulos 61 al 63 forman el centro de esta sección concluyente de la profecía de Isaías. En el capítulo 61, se describe el ministerio del Mesías; en el capítulo 62, se ve el resultado de ese ministerio en la restauración de Israel; en el capítulo 63 se anuncia el día de la venganza, y la oración y la alabanza del remanente fiel de la nación viene como consecuencia.

## LAS PALABRAS DEL UNGIDO (61:1-11)

A veces es difícil saber en el libro de Isaías quién está hablando, pero aquí, al principio del capítulo 61, el que habla nos dice que Él es el que ha sido «ungido», y esta es la raíz de donde viene el término *Mesías* (que significa «el ungido»). La palabra *ungido* es la clave y el Nuevo Testamento es prueba de que quien habla aquí no es otro que el Señor Jesucristo.

Vemos aquí, como en muchos otros lugares de los profetas, y como ya hemos mencionado anteriormente, una mezcla de los dos advenimientos del Señor Jesucristo. La edad presente entre las dos venidas, la era en que vivimos, no constituye objeto específico del Antiguo Testamento ni de su profecía. A decir verdad, Pedro nos informa de que los profetas mismos estaban perplejos con respecto a las aparentes contradicciones que se daban en las predicciones que se referían a «los sufrimientos de Cristo, y las glorias que vendrían tras ellos» (1 P. 1:11). Al observar esto, podemos aprender a buscar las distinciones propias de la profecía. También podemos ver cómo las profecías ya cumplidas establecen el patrón, por decirlo así, de las profecías que todavía quedan por cumplir.

Este es el pasaje que leyó nuestro Señor Jesucristo en la sinagoga de Nazaret, como relata Lucas 4:16-31. Al leerlo, Jesucristo solo leyó parte de la profecía, parándose, realmente, en medio de la frase. Y la razón es obvia, porque el Señor Jesucristo prosiguió la lectura anunciando: «Hoy se ha cumplido esta Escritura delante de vosotros» (Lc. 4:21). Él leyó solo parte, es decir, lo que se había cumplido hasta aquel momento, pero el resto, que tiene que ver con «el día de venganza del Dios nuestro» no se había cumplido en aquellos momentos, y está todavía pendiente del futuro, cuando regrese nuestro Señor.

«El Espíritu de Jehová el Señor está sobre mí…». Aquí tenemos tres Personas de la divinidad, mencionadas juntas en la misma cláusula breve. En relación con el llamamiento y la misión de Isaías en el capítulo 6, ya hemos visto que el Antiguo Testamento contiene numerosas indicaciones sobre la doctrina de la Trinidad, aunque su plena exposición quede reservada para el Nuevo Testamento. Algunos de los grandes héroes del Antiguo Testamento pudieron decir que el Espíritu del Señor era sobre ellos para las tareas que tenían que cumplir por indicación divina, pero ninguno lo pudo decir de la misma manera y en la misma medida en que lo dijo Jesús. El Señor, Hijo de Dios e Hijo del Hombre, es el único que ha recibido el Espíritu Santo en toda su plenitud por cuanto no había impedimento alguno para ello en su vida.

> Porque el que Dios envió, las palabras de Dios habla; pues Dios no da el Espíritu por medida [a él] (Jn. 3:34).

«Porque me ungió Jehová», continúa diciendo. Vimos en el bautismo que el Espíritu de Dios descendió sobre Jesús. Él es quien cumple toda la tipología de los ungimientos del Antiguo Testamento, tanto de los profetas, como de los sacerdotes, o de los reyes, ya que Él es «el Ungido», el Mesías, el Cristo.

No es extraño que, mientras el Señor Jesús leía estas maravillosas palabras de la profecía de Isaías y comenzaba a comentarlas, «los ojos de todos en la sinagoga estaban fijos en él» (Lc. 4:20). Aquello era un acontecimiento que difícilmente se daba porque se trataba de un hombre que se proclamaba Mesías, el que tanto se esperaba, del que tanto hablaba la profecía. No existe ambigüedad alguna y no podía haber equivocación en lo que declaraba. Supongamos que alguien en nuestra iglesia se levanta y lee una profecía y dice que él es el cumplimiento de eso que dice el Antiguo Testamento. ¿Es que no nos asombraría? Sin embargo, había algo en Aquel que lo hizo que suscitó la admiración de las personas más envidiosas:

> Y todos daban buen testimonio de él, y estaban maravillados de las palabras de gracia que salían de su boca… (Lc. 4:22).

Cualquiera pensaría que sus palabras habrían sido recibidas con gozo y agradecimiento, pero, al proseguir, no obstante, aumentó la animosidad y la oposición, hasta que, finalmente, el pueblo de Nazaret se levantó contra Él con ira pecadora y prácticamente quisieron matarle, echándole por un precipicio. Y así pasa en este mundo. Las palabras de gracia solamente levantan las malas conciencias de los hombres y les hace querer hacer el mal a quien les recuerda que están en pecado y viven en pecado.

Los primeros tres versículos del capítulo cuentan la misión de Cristo, una maravillosa misión, en verdad. Se trataba del que nos traía las «buenas nuevas», se trataba del que proclamaba una liberación mucho más grande que la liberación que tuviera lugar en Babilonia o de la que pudiera venir como consecuencia de cualquier otra clase de enemigos terrenales; Él que abría la cárcel del pecado, permitiendo a los pobres prisioneros que escapasen a la gloriosa libertad de los hijos de Dios.

Él era quien anunciaba «el año de la buena voluntad de Jehová», un «año» largo de gracia y misericordia, que continuaba en el tiempo presente. Pero este mismo libertador también traerá el «día de venganza del Dios nuestro», y no cabe duda en el uso relativo de ambos términos por cuanto la palabra *año* se usa para el tiempo de gracia porque a Dios le place extenderlo, para que muchos puedan venir al Salvador; y la palabra *día* se emplea para el tiempo del juicio.

Las palabras del Señor Jesús respecto del cumplimiento de esta profecía muestran la ceguedad o miopía de aquellos críticos que insisten en que cada profecía debe tener un cumplimiento inmediato precisamente en el tiempo del profeta mismo. La declaración confirma cuanto hemos expuesto con anterioridad en nuestro estudio, esto es, que básicamente la cuestión está entre el incrédulo y el Señor Jesucristo mismo.

Los versículos 4 a 8 describen los beneficios de la misión del Mesías sobre Israel. La nación que Dios había propuesto convertir en su origen en un «reino de sacerdotes» (Éx. 19:6), después de su largo fracaso, habrá de serlo así efectivamente (v. 6).

El versículo 9 indica el efecto de su misión sobre este mundo, y el capítulo acaba con el cántico del gozo del Señor.

## «JERUSALÉN, ALABANZA EN LA TIERRA» (62:1-12)

La Jerusalén que se describe aquí ha hecho un buen camino desde la «Sodoma» del capítulo primero. Esta es Jerusalén como

Dios quiere que sea, como Dios hará que sea «corona de gloria en la mano de Jehová» (v. 3). Los nuevos nombres que Dios da a la ciudad y a la tierra indican el contraste con su condición anterior de desolamiento y soledad y abandono. *Hefzibá* significa «mi deleite está en ella», mientras que *Beula* significa "desposada» (v. 4), y el versículo siguiente nos da la explicación. El mismo carácter de Dios está en juego, por decirlo así, por cuanto Él ha prometido mediante juramento que restaurará a Jerusalén. Los «guardas» han de recordar a Dios continuamente su Palabra y no dar «tregua, hasta que restablezca a Jerusalén, y la ponga por alabanza en la tierra» (v. 7).

La palabra de Dios ha de ser cumplida, y ningún sentido de espiritualización ni de alegorización puede destruir el plan claro y el intento de Dios. Jerusalén no puede significar aquí la Jerusalén celestial, y mucho menos la Iglesia. Esta Jerusalén ha de ser «alabanza en la tierra», y en esto, como tantas veces en Isaías, la rueda ha girado completamente: el juicio ha pasado y el consuelo ha llegado. La expresión anteriormente usada de «camino» aparece de nuevo para describir de manera gráfica el retorno del pueblo a Sion:

> He aquí que Jehová hizo oír hasta lo último de la tierra: Decid a la hija de Sion: He aquí viene tu Salvador; he aquí su recompensa con él, y delante de él su obra. Y les llamarán Pueblo Santo, Redimidos de Jehová; y a ti te llamarán Ciudad Deseada, no desamparada (vv. 11-12).

## EL DÍA DE LA VENGANZA (63:1-6)

El capítulo (63) empieza con un diálogo, o quizás con lo que modernamente se llama una «entrevista» porque, en dicha terminología, a la asombrosa pregunta de: «¿Quién es este…?», el Mesías mismo contesta:

> Yo, el que hablo en justicia, grande para salvar (v. 1).

Este no es un cuadro de la cruz. Es verdad que el Señor Jesucristo sufrió y murió allí solo, pero esta es una descripción del juicio venidero. La sangre que mancha sus vestidos en esta escena no es su propia sangre, derramada por nosotros, sino más bien la sangre de sus enemigos (v. 3), lo cual constituye una gráfica representación del «día de la venganza» (v. 4). El «año de la buena voluntad» habrá pasado por entonces, y el Salvador se habrá convertido en Juez. Algo de la imaginería del libro del Apocalipsis se saca de este capítulo, especialmente, la mención de la sangre que sale del lugar del capítulo 14 y la descripción de la venida del Señor Jesucristo en juicio, en el capítulo 19:

> Estaba vestido de una ropa teñida en sangre; y su nombre es:
> EL VERBO DE DIOS (Ap. 19:13).

## LA ORACIÓN Y LA ALABANZA DEL REMANENTE FIEL (63:7-19)

No es incongruente encontrar esta figura severa del juicio que viene seguida inmediatamente de la mención de «las misericordias de Jehová» (v. 7). Algunos, en verdad, verán tan solo un lado de esta verdad y, malinterpretando el amor de Dios, negarán o pasarán por alto su santidad. La justicia no puede prevalecer, a menos de que sea derribada la maldad. *Sería* de lo más inconsecuente que el Salvador *no* fuera, al final, el propio Juez porque, además, en su juicio, Él no es duro ni arbitrario ni cruel, sino que sigue siendo misericordioso, paciente y dador de su gracia. Pero la gracia que no se acepta no puede dejar de conducir a un juicio.

El juicio de quienes obran mal dará como consecuencia a la libertad del pueblo oprimido de Dios; de aquí que surja el cántico de la bondad de Dios. En estos versículos (7-19) encontramos un resumen de la historia de Israel y se refleja una nueva llamada o apelación a que Dios salve como en los días de antaño. La liberación de Egipto en los días de Moisés se contempla como paralelo de la liberación que se avecina y se espera. Vemos la conciencia de pertenecer a Dios, que es lo que ofrece la seguridad de que Él obrará con una redención poderosa.

20

# LA GLORIOSA CONSUMACIÓN

En los capítulos finales de Isaías (64–66) aparece una mezcla de condenación y gloria en una forma a la que viene acostumbrado el atento lector del libro. El gran panorama de la segunda parte del libro se extiende ante nosotros como una pintura o mural de la liberación de Babilonia como anticipo de algo más grande, de una liberación amplia por parte del Mesías, el cual se describe majestuosamente como el Siervo de Jehová. Él es el autor de esa liberación grande y del punto culminante de la misma que es el glorioso futuro de la nación de Israel. Todas las bendiciones vienen por medio del Siervo que, al propio tiempo, es el Vengador, el ejecutor de la ira de Dios. El capítulo 64 prosigue las aspiraciones del remanente fiel de Israel y el capítulo 65 contiene la contestación de Jehová a las oraciones de ellos. El capítulo final (66) revela aquellos juicios finales de Dios al restaurar a Israel, y la venganza que cae sobre los transgresores. No hay suspense en esta historia para quien la sigue desde su principio, y el fin ya es totalmente conocido, pero cada vez que se cuenta de nuevo la historia, cada vez que se repiten los temas dominantes, se produce un nuevo impacto sobre el alma.

## ORACIÓN POR LA MANIFESTACIÓN DE LA PRESENCIA DE DIOS (64:1-12)

El remanente fiel de la nación, perfectamente conocedor del poder del Dios todopoderoso en la historia pasada de la nación, expresa su ansiedad porque se repita en su propio tiempo:

> ¡Oh, si rompieses los cielos, y descendieras…! (v. 1).

Aquellos que oran saben que Dios es capaz y que las cosas de Dios están más allá de la experiencia humana y de su comprensión. Pablo utiliza el pensamiento del versículo 4 en su primera carta a los corintios, cuando dice:

> Antes bien, como está escrito: Cosas que ojo no vio, ni oído oyó, ni han subido en corazón de hombre, son las que Dios ha preparado para los que le aman (1 Co. 2:9).

¿Significa esto que no podremos nunca entender estas cosas? De ninguna manera, porque el apóstol sigue diciendo:

> Pero Dios nos las reveló a nosotros por el Espíritu; porque el Espíritu todo lo escudriña, aun lo profundo de Dios (1 Co. 2:10).

Como siempre, los piadosos y fieles se identifican con la nación en su conjunto y confiesan sus pecados a Dios. Y admiten que los juicios de Dios vienen como consecuencia del pecado (v. 5).

> Si bien todos nosotros somos como suciedad, y todas nuestras justicias como trapo de inmundicia; y caímos todos nosotros como la hoja, y nuestras maldades nos llevaron como viento (v. 6).

De alguna manera, aquellos que conocen mejor a Dios se dan perfecta cuenta de que ellos mismos tienen pecado, y por ello el mismo Isaías se considera en tal estado, como vimos en el capítulo 6. Cuando encontramos a un hombre que confía en él mismo, que no tiene preocupación alguna por el pecado, entonces encontramos a un hombre perdido, deshecho y destinado al infierno. Estos que confiesan sus pecados en la profecía saben que no pueden basar su apelación a Dios en ningún mérito propio, puesto que se dan cuenta de que no tienen ninguno. Incluso sus «justicias» no tienen valor alguno en la presencia de Dios, y son como «trapos de inmundicia» que hay que desechar. ¿En qué podrán entonces apoyar su llamamiento al Señor? Solamente en el terreno que cualquier persona puede encontrar en cualquier dispensación, y en cualquier circunstancia, a saber, en la misericordia y en la gracia de Dios.

> Ahora, pues, Jehová, tú eres nuestro padre; nosotros barro, y tú el que nos formaste; así que obra de tus manos somos todos nosotros. No te enojes sobremanera, Jehová, ni tengas perpetua memoria de la iniquidad; he aquí, mira ahora, pueblo tuyo somos todos nosotros (vv. 8-9).

## LA RÉPLICA DE JEHOVÁ (65:1-25)

En su contestación (cap. 65), Dios destaca el hecho de la rebelión de la nación de Israel y la descripción que hace de ellos es reminiscente del mismo primer capítulo de la profecía. Dios reitera su propósito de recompensar su rebelión. Y uno de los peores rasgos de su actitud pecadora lo constituye el justificarse a sí mismos, y ese hipócrita y engañoso «soy más santo que tú» (v. 5).

La aplicación que el Espíritu Santo hace en el Nuevo Testamento de los versículos iniciales de este capítulo es instructiva:

> E Isaías dice resueltamente: Fui hallado de los que no me buscaban; me manifesté a los que no preguntaban por mí. Pero acerca de Israel dice: Todo el día extendí mis manos a un pueblo rebelde y contradictor (Ro. 10:20-21).

Sin embargo, como el Nuevo Testamento sigue mostrando, en cuanto a esta aplicación, eso no significa que Dios haya abandonado a su pueblo (Ro. 11:1-6) porque siempre hay un remanente fiel, el verdadero Israel, la piadosa «décima parte» que «regresará» (Is. 6:13). Este remanente se deja ver claramente en los versículos 8-10, y Dios no les destruirá, sino que levantará semilla («sacaré descendencia») para heredar las promesas. Los versos que siguen pintan el contraste de la condenación y la gloria. Dios, dirigiéndose a los rebeldes e impíos, muestra cómo su juicio se contrasta con las bendiciones que derrama sobre sus servidores:

> Por tanto, así dijo el Señor Jehová: He aquí que mis siervos comerán, y vosotros tendréis hambre; he aquí que mis siervos beberán, y vosotros tendréis sed; he aquí que mis siervos se alegrarán, y vosotros seréis avergonzados; he aquí que mis siervos cantarán por júbilo del corazón, y vosotros clamaréis por el dolor del corazón, y por el quebrantamiento de espíritu aullaréis (vv. 13-14).

Termina el capítulo con una descripción posterior de las bendiciones del reino y el último versículo nos traslada en pensamiento a una descripción similar del Milenio en el capítulo 11. Será un día glorioso cuando se cumplan estas palabras:

> No afligirán, ni harán mal en todo mi santo monte, dijo Jehová (v. 25).

Lo mismo que en el capítulo 2 y en cualquier otro lugar, el «monte» se refiere al reinado de Dios, y las diversas referencias al mismo enseñan que se trata de un reinado universal. Daniel, que desarrolla el mismo pensamiento, habla de la piedra que se convierte en «un gran monte que llenó toda la tierra» (Dn. 2:35).

## LOS JUICIOS FINALES DE DIOS (66:1-24)

Los primeros versículos del capítulo 66 los cita Esteban en su discurso delante del Concilio judío, según vemos en el libro de los Hechos de los Apóstoles 7:49-50, al objeto de hacer destacar la omnipresencia de Dios. Él no puede estar contenido o encerrado en un edificio, por muy grandioso que sea. Salomón se dio cuenta de ello cuando dedicó el templo a Dios (1 R. 8:27 y 2 Cr. 2:6; 6:18). Se advierte a los impíos que, debido a su persistencia en el pecado, sus mismos sacrificios a Dios en el templo son pecaminosos.

Sin embargo, Jerusalén se gozará todavía porque Dios extenderá «sobre ella paz como un río» (v. 12). Israel será restaurado desde los lugares lejanos adonde fue esparcido (v. 20) y los transgresores recibirán su oportuno castigo (v. 24). El fin solemne del libro nos recuerda nuevamente que, cuando la injusticia nos rodea y nos posee, Dios puede traer justicia, pero solo mediante un juicio severo y escrutador. El Señor Jesucristo utiliza la expresión de este versículo para definir la agonía de los perdidos:

> donde el gusano de ellos no muere, y el fuego nunca se apaga (Mr. 9:44).

Si bien el énfasis de la profecía recae sobre el establecimiento del reino milenial, hay una visión breve de «los cielos nuevos y la nueva tierra» (v. 22), que se contempla con mayor perspectiva en el Nuevo Testamento:

Vi un cielo nuevo y una tierra nueva; porque el primer cielo y la primera tierra pasaron, y el mar ya no existía más (Ap. 21:1).

21

# UNA MIRADA RETROSPECTIVA

Cada persona que lee y estudia el libro de Isaías tiene, sin duda, sus muchas y propias impresiones acerca de este maravilloso libro, y ciertas impresiones, muy probablemente, serán comunes a muchos de los lectores, una de las cuales es la magnitud de las profecías. Hay tanto aquí acerca del tiempo y de la amplitud de ideas que incluso la persona que está bastante familiarizada con el libro tiene, frecuentemente, la impresión de sentirse desbordada por todo ello. Esto es algo que había que esperar por cuanto Isaías no fue quien originó la profecía, toda vez que, como leemos en 2 Pedro 1:21, él «habló», siendo inspirado «por el Espíritu Santo», y si la Palabra de Dios fuese totalmente comprensible a primera vista, dejaría de ser la Palabra de Dios porque su amplitud y su profundidad son ya pruebas de que verdaderamente proceden de Dios.

Es muy posible, sin embargo, que, incluso desde un estudio elemental como este, se pueda captar el sentido del libro como un todo y «pensar a través de él», al menos en términos generales porque, según hemos indicado, el bosquejo básico no es difícil. Un dominio de las secciones del bosquejo podría ayudar a recordarnos el contenido del libro. Si pensamos en lo que queda atrás del bosquejo que hemos seguido, podemos ver que el libro de Isaías está formado de dos secciones principales, la primera de las cuales consiste en siete partes y la segunda en tres. Sean los que fueren los títulos que se empleen, el contenido de las secciones se destaca en cualquier lectura que se haga del libro.

*Primera parte:* El juicio de Dios (1–39)

I. Profecías iniciales (1–6)
II. Profecías sobre Emanuel (7–12)
III. Las profecías o «cargas» sobre las naciones (13–23)
IV. Castigo y bendición del reino (24–27)
V. Las exclamaciones «¡ay!» (28–33)
VI. Indignación y gloria (34–35)
VII. Interludio histórico (36–39)

*Segunda parte:* El consuelo de Dios (40–66)

I. Liberación del pueblo de Dios (40–48)
II. El Siervo sufriente como Redentor (49–57)
III. La consumación gloriosa (58–66)

Nunca podemos hacer demasiado hincapié en la lectura necesaria y en la meditación conveniente del libro de Isaías mismo. Esto es especialmente verdad porque la Palabra de Dios no es como cualquier otro libro de fábrica humana, sino que constituye tanto un elemento intelectual como un elemento espiritual cuando lo apreciamos debidamente. Se pueden conocer perfectamente las diversas secciones del libro e incluso pensar a lo largo de los capítulos, sin entrar en la enseñanza espiritual por lo que debemos tratar de evitar el mero conocimiento por el afán de conocimiento, y dejar que el Espíritu Santo haga su aplicación personal de la Palabra de Dios a nuestras propias vidas.

Es inútil seguir el juicio de Dios en Isaías y notar el consuelo que hay para su pueblo, si todo lo contempla uno como mera abstracción, como un bello ensayo o historia teórica. La Palabra de Dios es intensamente práctica y si somos incapaces de aprender, tanto de sus preceptos como de sus ejemplos, hay algo equivocado en nosotros mismos en tanto que individuos. No debemos absorbernos tanto en las bellezas del estilo ni en la disposición simétrica de Isaías como para perder de vista nuestra propia necesidad de arrepentimiento y de confianza en el Redentor que en el libro se dibuja.

Una segunda impresión que puede obtenerse de la lectura de Isaías es la realidad del reino prometido para el pueblo de Israel. Frente a tan gran conjunto de profecía respecto de las futuras bendiciones para la nación despreciada y esparcida, resulta difícil ver cómo tantos lectores e intérpretes ligeramente asumen que se ve a la Iglesia por todas partes como el reino y que no hay tipo objetivo en el cumplimiento de la profecía. Debido a esta equivocada concepción en nuestros días, se ha hecho tanto hincapié en nuestro estudio ligero sobre el cumplimiento literal de la profecía.

Otra impresión que se saca del libro de Isaías es la convicción de que Dios es majestuoso y grande porque, como también se ha dicho antes, el Dios que se describe en este libro de Isaías, en su omnisciencia, omnipotencia, omnipresencia, eternidad, inmutabilidad, santidad, amor, misericordia y gracia, no puede por ningún esfuerzo de la imaginación reducirse al nivel de los críticos destructivos y racionalistas. El hablar del Dios del Antiguo Testamento como de «tribu» o como «nacional» es una tontería absoluta, y es igualmente estúpido suponer que los piadosos hombres del Antiguo Testamento pensaron de igual manera acerca de Dios. Como hemos dicho con toda claridad, el mensaje de Isaías es un mensaje universal, que llega hasta el extremo de toda la tierra.

Quizás se ha hecho poco énfasis en este estudio sobre la particular caracterización que Isaías hace de Dios como «el Santo de

Israel». Dios no es el Dios de un poder simple, sino el Dios de la santidad. Su naturaleza está siempre en perfecta armonía con su carácter moral, y todo cuanto Él es y todo cuanto Él hace es perfecto, absolutamente puro, y libre de toda sombra de pecado. Y porque Él es el Santo es por lo que puede redimir a aquellos que ponen su confianza en Él, y debe juzgar y castigar a aquellos que le rechaza y le desobedecen.

Junto a la descripción de la gloria y de la majestad de Dios, y su concepto de que Dios es el Santo de Israel, Isaías no olvida el aspecto de ese carácter de Dios que viene comprendido en el término «amor de Dios». Su bondad, su paciencia, su misericordia, su gracia, su gentileza y su amor, todo ello se contempla en medida abundante a lo largo de las páginas del libro que hemos repasado.

Estas son más o menos impresiones al azar, impresiones sobre la magnitud del libro mismo, de la promesa futura para el pueblo y nación de Israel, de la naturaleza y carácter de Dios, pero también, como insinuamos antes, constituyen, con toda probabilidad, las mismas impresiones de muchos de los lectores del libro. Existe, además, otra impresión que se debe mencionar y enfatizar, aunque ya se dio cuenta de ella al principio de nuestro estudio, y es el carácter mesiánico del libro de Isaías.

Si tú has leído con fidelidad a Isaías y has utilizado de alguna manera los comentarios expuestos en este vistazo del contenido, seguramente ya no te sorprenderás al oír que Isaías es el «profeta del evangelio» o también «el profeta evangélico». Podemos hacer una reconstrucción bastante detallada de la vida y del ministerio terrenal, de la muerte y de la resurrección del Señor Jesucristo con solo leer las páginas del libro de Isaías. Hemos visto que las referencias mesiánicas no se limitan a una sección del libro, sino que están esparcidas por todo él. La Persona de Cristo está en el libro: su absoluta deidad, su perfecta humanidad, su encarnación y nacimiento virginal, su humilde manera de vivir, su enseñanza misericordiosa, sus milagros, su muerte sustitutoria por nosotros, su resurrección, su glorificación, su lugar como Juez de todos.

Sin embargo, no hemos de cometer la misma falta que aquellos guías religiosos del tiempo de Jesús. Ellos buscaban la vida eterna en las páginas de la Escritura y rechazaron la Persona de Jesús, que es precisamente la que describen esas páginas. Por eso Jesús les dijo:

> Escudriñad las Escrituras; porque a vosotros os parece que en ellas tenéis la vida eterna; y ellas son las que dan testimonio de mí; y no queréis venir a mí para que tengáis vida (Jn. 5:39-40).

No basta con maravillarse por las imágenes proféticas que Isaías hace de Cristo, cuadros tan claramente dibujados que no pueden ser accidentales. Uno debe tener una relación personal con el Cristo que se describe allí. El evangelio se encuentra aquí en su pura esencia, dado proféticamente por el Espíritu Santo mucho antes de que Jesucristo viniese realmente a este mundo. Isaías vio su gloria y nosotros podemos ver también su gloria en la profecía de Isaías. ¿Responderemos nosotros como el mismo profeta? ¡Quiera Dios que sea así!

La tragedia de la incredulidad de Israel se destaca con toda claridad a finales del libro de los Hechos y, como podía esperarse, se presenta con una cita del libro de Isaías.

El apóstol Pablo, siguiendo su procedimiento habitual de dar a los judíos una oportunidad de aceptar a Cristo, siempre que llegaba a una nueva localidad, hablaba extensamente con los judíos de influencia que llegaban a su casa de Roma, como dice en Hechos 28:23, «desde la mañana hasta la tarde» discutía con ellos sobre las Escrituras referentes a Cristo. El relato nos dice que exponía la Ley de Moisés y de los profetas, y podemos estar seguros de que Isaías era muy tenido en cuenta en aquellas discusiones. Los resultados, desde un punto de vista humano, eran decepcionantes:

> Y algunos asentían a lo que se decía, pero otros no creían. Y como no estuviesen de acuerdo entre sí, al retirarse, les dijo Pablo esta palabra: Bien habló el Espíritu Santo por medio del profeta Isaías a nuestros padres, diciendo: Ve a este pueblo, y diles: De oído oiréis, y no entenderéis; Y viendo veréis, y no percibiréis; porque el corazón de este pueblo se ha engrosado, y con los oídos oyeron pesadamente, y sus ojos han cerrado, para que no vean con los ojos, y oigan con los oídos, y entiendan de corazón, y se conviertan, y yo los sane. Sabed, pues, que a los gentiles es enviada esta salvación de Dios; y ellos oirán (Hch. 28:24-28).

«La salvación de Jehová», o «la salvación de Dios», es el tema de esta profecía, de la que el profeta lleva su nombre simbólico. De acuerdo con la profecía, el mensaje ha pasado a los gentiles; el mensaje de Cristo se está ahora proclamando «hasta lo último de la tierra».

El simbolismo profético de Daniel explicado de manera clara y simple.

Nos encantan las historias de valor y fe en Daniel, pero la profecía en la segunda mitad del libro nos puede confundir. Encuentra la hermosa profundidad de Daniel a través de un esclarecedor comentario versículo por versículo de John C. Whitcomb que es a la vez sencillo y perspicaz.

Apocalipsis es un libro salvaje. Y puede ser difícil saber qué partes son figurativas y qué partes son literales. Encuentra la hermosa profundidad de Apocalipsis a través de un esclarecedor comentario versículo por versículo de Charles Ryrie que es a la vez directo y perspicaz. Conocerás:

- Antecedentes históricos importantes
- Perspectivas del idioma original.
- Explicaciones de los símbolos proféticos.
- ¡Y más!

EDITORIAL
PORTAVOZ

## NUESTRA VISIÓN

Maximizar el efecto de recursos cristianos de calidad que transforman vidas.

## NUESTRA MISIÓN

Desarrollar y distribuir productos de calidad —con integridad y excelencia—, desde una perspectiva bíblica y confiable, que animen a las personas a conocer y servir a Jesucristo.

## NUESTROS VALORES

*Nuestros valores se encuentran fundamentados en la Biblia, fuente de toda verdad para hoy y para siempre. Nosotros ponemos en práctica estas verdades bíblicas como fundamento para las decisiones, normas y productos de nuestra compañía.*

Valoramos la excelencia y la calidad.
Valoramos la integridad y la confianza.
Valoramos el mérito y la dignidad de los individuos y las relaciones.
Valoramos el servicio.
Valoramos la administración de los recursos.

Para más información acerca de nuestra editorial y los productos que publicamos visite nuestra página en la red: www.portavoz.com.